Courir Un Lièvre à la Fois :
Comment Utiliser Le Marketing Stratégique pour Réussir

63 techniques, astuces et anecdotes pour les entrepreneurs créatifs

— ∿⟩ —

David Parrish

*"Si vous courrez après deux lapins,
ils s'échapperont tous les deux"*

Proverbe Chinois

WORDSCAPES

Courir Un Lièvre à la Fois :
Comment Utiliser Le Marketing Stratégique pour Réussir

Première publication en anglais en 2014 par Wordscape Ltd sous le titre:
« Chase One Rabbit: Strategic Marketing for Business Success »

Publié en traduction française en 2015 par :
Wordscapes Ltd
Elevator Studios
27 Parliament Street
Liverpool, L8 5RN
England

www.wordscape.org.uk

ISBN: 978-0-9930221-7-3

Une notice catalographique pour cet ouvrage est disponible au bureau CIP de la
British Library.

Éditeur et Rédactrice en chef : Fiona Shaw
Rédacteur : Gary Smailes
Graphiste, Typographe et Producteur : Ken Ashcroft
Correctrice (Anglais): Judith Mansell
Correctrice (Français): Nathalie Danel

Dédicace

Ce livre est dédié à tous les entrepreneurs qui allient leur créativité à une approche commerciale judicieuse et qui utilisent le marketing stratégique pour faire de leur activité, une réussite.

À propos de ce livre

"Courir Un Lièvre à la Fois : Comment Utiliser le Marketing Stratégique pour Réussir " est destiné aux entrepreneurs qui veulent utiliser un marketing sensé pour développer leur entreprise. Il est utile pour les entreprises à tous les stades de développement, car le marketing est pertinent pour toutes les entreprises, qu'elles soient petites ou grandes, en création ou matures. Le livre tire beaucoup de l'expérience et de l'expertise de l'auteur dans le développement d'entreprises créatives et digitales au Royaume Uni et dans le monde entier, mais ses messages clés s'appliquent aux entreprises et organisations dans tous types de secteur.

Ce livre a été créé pour les gens pressés et il contient 63 sections courtes regroupées en dix chapitres. Chaque section traite d'un seul point et cherche à provoquer la réflexion et l'action. Chaque section se termine avec un résumé des points clés et des suggestions sur la marche à suivre pour les mettre en action. Lire une section et décider quoi faire devrait prendre moins de dix minutes. Ce livre est fait pour que vous puissiez vous y référer quotidiennement et trouver un élément qui vous aidera à améliorer le marketing de votre entreprise.

"Courir Un Lièvre à la Fois : Comment Utiliser le Marketing Stratégique pour Réussir» se concentre sur les aspects les plus importants du marketing stratégique et met en valeur les parties où des changements peuvent avoir l'effet le plus positif. Le but est pour vous de faire le moins de travail possible avec l'effet le plus grand. Ce livre n'est pas un manuel de marketing et il n'essaie pas de couvrir tous les aspects de cet énorme sujet.

Les sections sont regroupées ensemble mais les autres sections du livre, qui sont pertincntes pour ce point, sont aussi mentionnées à la fin de chaque section. Certains préféreront lire en diagonale le livre de section en section selon les suggestions, d'autres le liront systématiquement d'un bout à l'autre. C'est comme vous voulez.

Les messages propres au marketing s'appliquent aux biens, services et projets. Cependant, pour être plus bref et plus clair, le terme *produit* est utilisé dans ce livre pour parler de ces trois types de production. Les conclusions que ce livre met en avant sont tout aussi valides pour des services ou des projets que pour des produits physiques.

Les histoires racontées dans ce livre sont toutes vraies, mais j'ai parfois usé de ma prérogative d'auteur pour insister sur un point ou rendre l'histoire plus mémorable. Dans certains cas, j'ai changé les détails pour ne pas embarrasser les protagonistes.

À propos de la traductrice

Florence Magee (née Harmelin) est une spécialiste du soutien à l'entreprise créative. Florence est diplômée de l'Ecole de Management Kedge (Marseille) et a un MBA en Management des Industries Créatives de University for Creative Arts (Royaume Uni). Originaire de Marseille, elle est désormais basée à Londres. Elle dirige un programme de formation pour entreprises créatives cofinancé par l'Union Européenne et intervient dans les universités sur le sujet de l'entrepreneuriat créatif.

À propos de l'auteur

David Parrish est un consultant en management, un formateur et un intervenant qui conseille les entreprises de design, des médias et des technologies dans les secteurs des industries créatives et digitales. David est spécialisé dans le marketing stratégique et bien, que basé au Royaume Uni, il a travaillé dans plus de 30 pays dans le monde. Entre autres accréditations professionnelles, il est membre du Chartered Institute of Marketing (CIM) au Royaume Uni et est un professionnel du marketing certifié par le CIM.

www.davidparrish.com

Table des matières

Chapitre 6

Écoutez vos clients avant de leur parler

Chapitre 7

Chapitre 8

Pourquoi les clients ont besoin de vous connaitre, de vous apprécier
et de vous faire confiance

Chapitre 9

Chapitre 10

Conclusion

Introduction:
Le marketing, ce n'est pas uniquement de la vente

Travailler sa stratégie marketing est vital pour toute entreprise. Mais ce n'est pas dans le seul objectif de vendre et de promouvoir ses produits. La raison d'être du marketing stratégique est de créer et développer une entreprise sur la connaissance de son marché cible, de ses consommateurs ou utilisateurs et de leurs besoins. Ce n'est pas une fonction distincte de l'entreprise mais une philosophie fondamentale avant tout démarrage d'activité.

Le marketing stratégique prend en compte les questions essentielles: créer le bon produit, choisir les meilleurs clients et gérer les relations avec la clientèle cible. Il s'agit d'aligner votre activité avec les besoins changeants des clients les plus importants.

J'ai écrit « *Courir Un Lièvre à la Fois: Utiliser Le Marketing stratégique pour réussir* » parce que, selon mon expérience personnelle avec des centaines d'entrepreneurs créatifs du monde entier, c'est le sujet principal sur lequel on me demande conseil. En tant que consultant, j'aide les entreprises créatives à mieux réussir en les aidant sur l'aspect le plus crucial du marketing : le marketing stratégique.

La plupart des gens ne comprennent pas bien ce que le mot « Marketing » veut dire. Pour eux, ce n'est qu'un autre mot pour dire «Vente». La plupart du temps, ils utilisent le mot « Marketing » juste parce qu'il semble plus sophistiqué. C'est de là que vient la première confusion : que le marketing veut dire « promotion », « vente » ou « publicité ». En réalité, le marketing a une signification bien plus importante. C'est un processus global pour vraiment comprendre votre entreprise, sa position par rapport à la concurrence et son lien avec une clientèle qui aura été soigneusement choisie. Le mot « Marketing » est un terme compliqué en soi car il signifie des choses différentes pour chacun.

Les chefs d'entreprises me demandent souvent de les aider à améliorer leur chiffre d'affaire. Ils pensent que je peux les aider à vendre leurs produits même si l'entreprise a des problèmes bien plus importants. C'est comme s'ils étaient convaincus que j'avais une sorte de potion magique cachée dans ma sacoche, qui permettrait qu'un produit se vende miraculeusement mieux. Ils pensent qu'un problème commercial peut être résolu simplement en améliorant leur publicité ou leur positionnement. Ils pensent donc que je vais résoudre tous leurs problèmes avec des trucs et astuces promotionnels.

Si seulement c'était aussi simple que ça.

Malheureusement, je n'ai aucune potion magique, malgré ce que désirent les clients. Le fait est que j'aide les clients en utilisant mes compétences en marketing, mais pas de la façon dont ils s'y attendent. Je les aide à augmenter leur chiffre d'affaire et leur rentabilité en scrutant leur entreprise d'une manière plus essentielle. Cela nécessite de considérer l'entreprise entière du point de vue du marketing stratégique. Je les aide à trouver des solutions efficaces pour atteindre leurs objectifs commerciaux. **Ce livre aborde les éléments dont vous avez besoin pour créer une stratégie marketing unique pour votre entreprise.** Ma vision du marketing est au cœur de ce livre. Je fais une distinction très claire entre le marketing stratégique et le marketing opérationnel (appelé aussi Marketing de Communication). La différence est cruciale. Et c'est le fait de ne pas les différencier qui cause tant de problèmes.

Ce livre explique étape par étape une approche stratégique qui donne des résultats. Il est truffé d'anecdotes sur les stratégies marketing réfléchies et appliquées par des entrepreneurs. La majorité de ces histoires viennent de mes clients et de ma propre expérience. Je vous livre ces expériences afin de les adapter à votre entreprise, et vous suggère des applications pratiques que vous pouvez mettre immédiatement en action pour aider votre entreprise à réussir.

La première partie commence avec l'histoire vraie d'un ébéniste nommé Nick et comment il a créé un marketing authentique en pensant de manière stratégique.

CHAPITRE 1

Choisir les bonnes priorités – Être stratégique avec son marketing

Le marketing stratégique doit être réfléchi en premier car c'est un travail de longue haleine. Avant de commencer à vendre, nous devons choisir les clients à cibler. C'est seulement après ça que nous pourrons considérer le message marketing et les meilleurs moyens de le communiquer.

La plupart des échecs attribués au marketing est en fait des échecs bien plus fondamentaux de stratégie marketing, et non des erreurs de marketing opérationnel. Souvent, ce sont les dirigeants de l'entreprise qui sont responsables de ces erreurs, et non le département Marketing.

Les communications marketing peuvent être créatives et séduisantes, mais elles doivent faire partie d'une stratégie marketing soigneusement pensée. En utilisant de la créativité artistique et un peu d'ingéniosité, nous pouvons utiliser le marketing de manière intelligente pour rendre nos entreprises plus performantes.

1- Le marketing authentique

Nick était un ébéniste confirmé. Il créait plus que de simples meubles mais de vrais objets d'art. Il était clair que ses produits n'étaient pas pour tout le monde, mais ils étaient un pur régal pour ceux qui appréciaient son talent et sa créativité.

Nick était naturellement introverti, et il m'annonça très vite qu'il ne savait pas « faire du Marketing ». Il devenait de plus en plus stressé car il lui fallait trouver des clients, mais il trouvait la vente directe extrêmement inconfortable. Il n'était pas un naturel de la vente et il ne se sentait pas à sa place dans les réunions de réseautage.

Nick avait bien senti que le marketing n'était pas son point fort et qu'il avait besoin d'aide pour vendre ses créations, donc il engagea un consultant en Marketing.

Le consultant lui suggéra de louer une boutique dans la rue commerçante. Quand il s'avéra que les ventes n'étaient pas assez élevées pour payer le loyer et les coûts associés, le consultant suggéra à Nick de travailler sur ses techniques de vente en faisant une formation. Il lui suggéra aussi de faire refaire son site internet et d'utiliser des techniques d'optimisation des moteurs de recherches pour améliorer son référencement sur Google pour les recherches de meubles. Il lui conseilla enfin de plus utiliser les réseaux sociaux et de mettre un encart publicitaire dans les journaux locaux pour attirer plus de clients dans la boutique.

Bien sûr, Nick s'est retrouvé à dépenser beaucoup de temps et d'argent sur ces stratégies. Il était constamment épuisé, mais même si il avait fait tout ce qui avait été recommandé, les ventes n'augmentaient pas autant que le consultant l'avait estimé.
Le consultant finit par lui dire que ses prix étaient trop élevés pour le marché local. Il conseilla donc à Nick de faire des meubles moins qualitatifs, qui puissent se vendre moins cher. Bien sûr, cela impliquait de vendre plus de meubles car la marge n'était pas la même.

Nick sentait bien que tout ceci ne tournait pas rond.

Même s'il était le premier à admettre qu'il n'était pas un expert en marketing, Nick commença à avoir des doutes sur les conseils du consultant. Malgré les honoraires élevés, les ventes étaient faibles et Nick était à cours d'argent. Les choses ne fonctionnaient pas comme prévues et Nick se sépara du consultant.

A ce stade, Nick était tout à fait déçu par le marketing et complètement désespéré pour son entreprise. Pour lui, tout ce que le « Marketing » évoquait, c'était le processus pénible d'essayer de vendre quelque chose à quelqu'un qui n'est pas du tout intéressé. Après son expérience avec le consultant, il conclut que le marketing n'était qu'un amas de trucs et astuces pour convaincre des gens qui ne s'intéressent pas à vos produits. Aucun des conseils ne lui était naturel. Et les techniques n'avaient pas marché. La forteresse du marketing restait impénétrable.

Nick était à bout quand il se tourna vers moi pour du conseil.

La première chose que je fis fût d'avoir une bonne conversation avec Nick, et de lui poser énormément de questions sur son entreprise, en particulier sur les clients qu'il avait déjà, et comment il les avait trouvés. Il me dit que ses clients venaient en général par le bouche à oreille. Par exemple, il me raconta que le weekend dernier, il avait rendu visite à un couple d'amis qui était en fait d'anciens clients. Ils avaient des invités, un couple d'amis d'une autre région. Ces amis se montrèrent très intéressés par son travail et apprécièrent sa créativité. Ils lui posèrent beaucoup de questions sur son inspiration, ses matériaux, ses techniques et son atelier. Nick répondit de manière enthousiaste, leur racontant tous les détails de son procédé créatif. Il était dans son élément. Il ne faisait pas du « Marketing », il n'était pas en train d'essayer de vendre. Il était tout simplement en train de parler de sa passion à des gens qui « avaient les mêmes valeurs ». Le couple lui commanda directement deux nouveaux meubles avant qu'il reparte. Les pièces étaient chères, mais ils payèrent un acompte de 50%. J'avais un petit sourire en coin quand il me dit ensuite qu'il n'était pas bon en marketing...

En vérité, il savait très bien communiquer, de manière authentique et enthousiaste quand il est connecté aux « bons » clients, à tel point qu'il ne se rend même pas compte qu'il est en train de vendre. Le problème principal de Nick était que, dans sa boutique de la rue commerçante, il essayait de vendre au mauvais type de clients. La plupart des gens veulent acheter des meubles bon marché et fonctionnels, pas des œuvres d'arts à prix élevé. Le problème n'était pas un manque de capacité à vendre ou le manque de publicité ou une mauvaise utilisation des réseaux sociaux. Ces techniques ne marcheront jamais si vous essayez de vendre à la mauvaise cible de clients. Le premier consultant n'avait même pas essayé de sélectionner les bons clients, donc il faisait lui-même partie du problème.

Si la stratégie, c'est à dire le zoom sur la bonne cible de clients, est erronée, alors les techniques employées ne feront aucun effet. Tout commence toujours par l'identification de la cible.

Le premier consultant s'était uniquement préoccupé du marketing opérationnel, ou de communications marketing, et pas du tout de Marketing stratégique. Il se concentrait juste sur les techniques, sans se poser de questions plus profondes, comme par exemple : Qui va acheter ces meubles ? Il essayait d'utiliser les techniques du marketing opérationnel pour vendre à la mauvaise cible de clientèle. Le marketing intelligent consiste tout d'abord à choisir la bonne cible. Je me concentre sur la stratégie en premier, et seulement ensuite sur les outils de communication marketing.

En tant que consultant en marketing stratégique, mon approche ne sera pas du tout de l'envoyer faire une formation en techniques de vente, afin qu'il apprenne à vendre à des personnes qui ne sont pas intéressées. Je ne lui suggèrerai pas non plus de vendre au grand public dans une boutique avec pignon sur rue. Je ne lui proposerai pas de mettre des encarts publicitaires dans le journal local pour attirer des clients dans la boutique. Et je ne lui conseillerai certainement pas de baisser ses prix pour répondre aux attentes du grand public.

Je voulais créer avec Nick une stratégie marketing efficiente pour lui et son entreprise. Mon ambition était de l'aider à utiliser le marketing sans renier ses valeurs et ses objectifs personnels.

Notre stratégie fut donc d'identifier le bon marché pour ses produits – le type de clientèle appréciant sa démarche créative. La stratégie était de connecter Nick à sa cible identifiée de client, et de le laisser agir naturellement.

Vendre ne devrait pas être pénible. Si vendre est une corvée vous êtes en train de parler à la mauvaise cible. Par contraste, quand nous sommes en rapport avec la bonne cible de clientèle, les moyens de communication marketing deviennent faciles. Si notre stratégie est bien ajustée, vendre devient facile.

En utilisant cette stratégie, Nick trouva des clients qui partageaient son enthousiasme et ses valeurs. La stratégie n'était pas seulement fondée sur le style personnel de Nick, sur sa passion créative et ses valeurs. C'était aussi la bonne formule pour un Marketing ciblé, bon marché et efficace. C'était sa formule à succès.

Pour Nick, il était important de rester authentique. Cela n'était pas seulement préférable pour Nick, c'était aussi bon pour son entreprise. Nous devrions être honnêtes avec nous même, honnêtes avec nos clients et en harmonie avec nos valeurs et nos passions. Ce ne sont pas seulement de bonnes intentions, c'est aussi ce qui fait le succès d'un entrepreneur. Je voulais faire en sorte que les gens n'achètent pas seulement de beaux meubles, mais des beaux meubles fait par Nick. Il faisait partie entière du produit.

Nick utilisa mes conseils en stratégie marketing pour réaligner ses produits créatifs avec la bonne cible de clientèle. Il décida d'arrêter de vendre au grand public et ferma sa boutique. Il rechercha d'où venaient les recommandations de bouche à oreille et découvrit qu'il avait un certain nombre de « clients privilégiés » qui achetaient ses meubles régulièrement. Maintenant, il ne travaille plus qu'avec des clients qui correspondent à sa personnalité, ses valeurs et ses prix. Nick est un entrepreneur créatif à succès.

Cette histoire vraie mettant en jeu deux consultants montre bien les deux approches du Marketing.

La première consiste à utiliser des trucs et astuces pour vendre à la mauvaise cible de clientèle ; la seconde se préoccupe de trouver la bonne cible Le premier était un conseiller en communication marketing, le deuxième en marketing stratégique.

C'est à vous de décider quel est le type de Marketing qui vous aidera à devenir plus performant.

Points Clés

Être authentique en affaire veut dire rester vous-même et être à votre aise. Le but du marketing stratégique est de cibler les clients qui ont les mêmes valeurs que vous. Ainsi, leur vendre devient un procédé facile et naturel.

A vous de jouer

• Passez en revue vos clients actuels et passés, et identifiez ceux qui ont les mêmes valeurs que vous. Avec quels clients et dans quelle situation vous sentez vous « dans votre élément » ? Utilisez cette approche comme repère pour détecter la cible adéquate.

• Faites une liste, par ordre de priorité, des clients avec lesquels vous êtes le plus en phase. Identifiez leurs caractéristiques principales pour pouvoir reconnaître votre catégorie cible.

Voir aussi

2- Le Marketing : le meilleur allié de la vente

Ce qui est formidable avec le Marketing stratégique, c'est que si c'est bien fait, vous n'aurez plus besoin de vendre au sens littéral du terme. En effet, si votre Marketing stratégique est au point, vous aurez bien moins besoin de dépenser en marketing opérationnel. Comme l'a dit Peter Drucker, le gourou en Stratégie : « Le but du Marketing est de rendre la vente superflue ».

Le marketing stratégique ne doit pas arriver à la fin de votre réflexion. On doit pouvoir le sentir dans l'entreprise toute entière, du début à la fin et de haut en bas. La raison d'être du marketing stratégique est de créer et de développer une entreprise orientée clients. Ce n'est pas une fonction distincte mais une philosophie fondamentale de l'entreprise.

Par contraste, pour ceux qui pensent que le mot Marketing ne signifie que « La Vente », le marketing arrive en dernier. Ils développent un produit sans penser au marché, et ont ensuite des problèmes à le vendre. Ils engagent des vendeurs et adoptent des méthodes publicitaires très onéreuses. Ils créent un service « Marketing » distinct pour essayer de vendre ces produits. En d'autres mots, ils voient le marketing somme une pièce ajoutée de l'entreprise.

L'approche que je préconise pour le marketing stratégique est complètement différente. Au cœur de cette approche est la conviction que le marketing sert à aligner l'entreprise entière sur les besoins toujours changeants du client. C'est ce que David Packard voulait dire avec sa phrase célèbre : « Le marketing est trop important pour être laissé au service Marketing ».

Si je pouvais donner aux entreprises un seul conseil en marketing, ce serait celui-ci: Occupez-vous de vos problèmes de marketing stratégique en premier. C'est seulement quand l'entreprise est correctement orchestrée pour répondre aux besoins des clients cibles que nous devrions commencer à considérer les techniques de marketing opérationnel.

Points Clés

Le marketing stratégique se préoccupe de l'entreprise, de la construire et de la développer selon les besoins des clients cibles-besoins qui évoluent constamment. Ce n'est pas un service séparé ou une étape finale du processus.

A vous de jouer

• Concentrez-vous sur le marketing stratégique de votre entreprise. Avez-vous créé vos produits selon les besoins de vos clients cibles ? Réalignez votre marketing stratégique si besoin est, avant de vous occuper de vos communications marketing.

• Faites une liste des clients avec lesquels vous n'avez pas besoin de faire de la vente « pure et dure ». Faites aussi une liste des clients avec lesquels vous vous épuisez à vendre sans succès.

Voir aussi

16- Valeurs, Passions et Style Personnel *48*

3- Une bonne stratégie est invisible

Une des raisons pour lesquelles la plupart des gens oublient le marketing stratégique, c'est parce qu'il n'est pas apparent. Il ne vous saute pas à la figure. La stratégie est pratiquement invisible pour les non-initiés, car c'est l'envers du décor.

Ce que nous remarquons, en tant que consommateurs et observateurs, c'est la publicité, les réseaux sociaux, les activités promotionnelles, les relations publiques et toutes les autres techniques du Marketing de communication. Nous voyons le résultat final sous forme de publicités télévisées, de sites internet, applications numériques et messages dans les média en tous genres.

Ce que nous ne voyons pas, c 'est la pensée stratégique qui les a engendré, des mois avant que nous n'en voyons le résultat. Cette pensée stratégique consiste à concentrer ses efforts sur un segment particulier de marché, choisir soigneusement les messages et par quel media les diffuser.

Par conséquent, nous n'avons aucune idée des décisions prises par les dirigeants et les conseils d'administration, quelles techniques de Marketing opérationnel ils vont utiliser, et lesquelles ils vont éviter.

Nous n'entendons jamais parler de la décision de ne pas communiquer vers un certain segment de marché. Les publicités que les entreprises ont fini par ne pas utiliser n'arrivent jamais sur nos écrans. Personne ne nous parle des décisions de ne pas utiliser une certaine façon d'approcher le marché cible.

Si on n'y regarde pas de trop près, on pourrait conclure que les publicitaires utilisent toutes les opportunités possibles pour promouvoir l'ensemble de leurs produits au plus grand nombre de gens possible- mais ce n'est pas la réalité.

Parfois aussi, nous regardons une publicité différente, avant-gardiste, amusante ou même un peu bête au premier abord, et nous découvrons des personnes du Marketing créatives, qui s'amusent et cherchent à attirer l'attention, et qui appellent ça ensuite du marketing créatif.

Parce que nous avons tendance à être séduits, amusés et fascinés par les paillettes de la publicité, c'est sur cet aspect que nous nous focalisons. Et nous voulons prendre modèle et copier ces techniques. Mais les techniques du marketing de masse, même en version réduite, ne sont pas appropriées aux petites entreprises.

Ne vous concentrez pas sur les aspects visibles du marketing ; pensez aussi- et surtout- à la stratégie qui les soutient.

Points Clés

Ce sont le conseil d'administration et/ou les dirigeants qui créent le marketing d'une entreprise, pas les publicitaires.

L'un des point clés dans une stratégie marketing est de choisir son positionnement et surtout celui que l'on ne veut pas avoir. Le marketing stratégique aide à décider quels sont les gens à ne pas cibler, et les média à ne pas utiliser.

A vous de jouer

• Assurez-vous de décider quel média utiliser en vous basant sur votre stratégie, et non pas parce que vous trouvez un média à la mode (comme les réseaux sociaux par exemple).

• Créez une nouvelle règle pour vous et vos collègues : Décider du média après avoir considéré l'importance stratégique de chaque message destiné à des segments de marché particuliers.

Voir aussi

4- Comment rater son entrée commerciale sur le marché français

Dans l'émission télévisée britannique « The Apprentice », Sir Alan Sugar donna un jour le défi à ses apprentis d'aller vendre des produits alimentaires sur le marché d'une petite ville de Normandie. Une équipe fut particulièrement mauvaise : non seulement ils firent moins de chiffre d'affaires que les autres équipes, mais ils perdirent de l'argent. Le chef et son équipe furent convoqués dans les bureaux de Sir Alan Sugar pour s'expliquer. En tant que spectateurs, je n'en croyais pas mes oreilles. Le chef d'équipe défendit leurs actions en disant que le marketing était en tort, car responsable des outils promotionnels tels que les bannières et les prospectus.

Le chef d'équipe avait raison, c'était bien un problème mais pas le type de problème qu'il avait identifié.

Quand il blâmait le « Marketing », il parlait du marketing opérationnel et il essayait de faire porter la responsabilité à la personne en charge de la publicité et de la promotion. Le véritable échec était une erreur de marketing faite par le chef d'équipe en personne- une grave erreur de marketing stratégique.

Avant de se rendre en France, le chef d'équipe avait décidé de vendre des fromages aux consommateurs français. Il rendit visite à un grossiste, acheta un gros morceau de fromage industriel, emballé dans du plastique. Le problème est que les français ont en général très peu de respect pour la cuisine anglaise. Ils sont amateurs de bonne chère, et en particulier de bons fromages, surtout en Normandie. Il était tout simplement impossible que les consommateurs normands achètent ce fromage industriel ; Même s'il était présenté sur de jolis pics à cocktail ; Même s'il était appuyé par une campagne publicitaire de plusieurs milliers d'euros.. Ce n'était pas la faute de la personne en charge des outils de promotion. Ce problème n'avait rien à voir avec du marketing opérationnel et tout à voir avec du marketing stratégique.

Au final, je peux vous dire que les autres équipes anglaises connurent un bon succès en France. Ils prirent le temps de penser au marché et aux produits britanniques que les consommateurs français aimeraient tester. Les équipes gagnantes avaient choisies de vendre de la marmelade, des pickles et des chutneys.

Une bonne partie des problèmes en affaires est liée à des erreurs de marketing stratégique. Ne blâmez pas les équipes de marketing opérationnel si votre produit ne se vend pas. Tournez-vous plutôt vers ceux qui ont fait des erreurs de marketing stratégique (même si leur fonction n'est pas de faire du «Marketing»).

Faire du marketing stratégique veut dire connecter les bons produits à la bonne cible.

Points Clés

La plupart des échecs de l'entreprise qu'on attribue au marketing (opérationnel) sont en fait des échecs de marketing stratégique. Les dirigeants de l'entreprise, et non les employés du « Service Marketing » sont responsables de ces erreurs.

A vous de jouer

• Au lieu de pointer du doigt le marketing opérationnel dès que les ventes baissent, considérez la possibilité que votre stratégie marketing puisse être erronée.

• Laissez aux équipes de vente la possibilité de s'exprimer si elles trouvent qu'on leur demande d'atteindre des cibles déraisonnables du au mauvais jugement de marketing stratégique. Encore mieux, travaillez avec les équipes de vente dès le début, quand vous décidez quel produit lancer, car elles sont les plus proches du client et plus à même de comprendre leurs besoins.

Voir aussi

20- Tous les clients ne sont pas de bons clients !   *64*

5- Opportunité ou Porte close ?

Il y a bien longtemps, quand j'étais tout jeune, j'ai ouvert une librairie avec des amis dans ma petite ville natale près de Manchester en Angleterre. Le projet ne fût jamais le succès commercial que nous espérions. Avec du recul, il est facile de voir que la raison de notre échec était que notre petite ville, si proche d'une grande ville, ne pouvait pas soutenir sa propre librairie à cette époque. Des années plus tard, je me rendis compte que les grandes entreprises font des analyses démographiques pour choisir le site de leurs activités de vente au détail. Ils regardent de très près quels endroits et quelles agglomérations ont le bon nombre de CSP (Catégorie Socio Professionnelle) cible, pour proposer les produits qu'ils attendent.

Nous n'avions pas évalué la taille du marché de manière objective. Nous avions juste remarqué qu'il n'y avait pas de librairie en ville et cela nous avait suffi pour décider d'en ouvrir une.

Nous aurions dû nous demander si cette absence voulait dire quelque chose et si il y avait un marché. Ou plus précisément, s'il y avait un marché suffisamment important pour arriver à atteindre le chiffre d'affaire dont nous avions besoin pour survivre.

Nous étions bien plus intéressés par notre passion et notre enthousiasme pour vendre des livres que par la taille du marché et les besoins et habitudes de nos clients. De ce fait, la raison d'être de notre entreprise était erronée depuis le départ.

Notre problème de marketing stratégique était qu'il n'y avait pas assez de clients dans la ville pour soutenir une librairie, et que la plupart des acheteurs réguliers de livres avaient encore l'habitude de voyager de Manchester à Londres pour se ravitailler.

Frustrés, nous essayâmes toutes sortes de techniques de marketing opérationnel pour vendre plus de livres, mais nous nagions à contre-courant. Nous avions distribué des tracts, mis des encarts dans le journal local, et même donné des marques pages gratuits. Mais nul effort ne parvenait à réparer le problème de base. Voici un autre exemple qui montre que le marketing stratégique est bien plus important que le marketing opérationnel. Faites en sorte d'avoir de bonnes bases et le marketing opérationnel sera relativement facile. Faites une erreur de marketing stratégique et vous aurez toujours à vous battre.

Pour la petite histoire, je n'ai aucun regret, même si la librairie n'eut jamais le succès que nous attendions. D'une part, l'objectif pour nous n'était pas seulement de faire de l'argent. C'était un projet culturel visant à rendre les livres plus accessibles, et une entreprise sociale essayant de promouvoir la lecture et le développement personnel dans notre communauté. D'autre part, au fil de nos erreurs et de nos succès, j'ai appris énormément pendant cette période. J'ai appris les notions des flux de trésorerie, des contrats, des impôts, de la comptabilité et de la gestion des ressources humaines. J'ai compris la suprématie du marketing stratégique sur le marketing opérationnel. L'expérience m'a donné envie d'en apprendre plus sur le monde des affaires, ce que j'ai fait des années plus tard. J'ai continué à apprendre en gérant des opérations commerciales, en faisant une école de commerce et en conseillant mes clients. En fin de compte, cette expérience avec la librairie m'a rendu meilleur entrepreneur.

Points Clés

Le marketing stratégique se préoccupe des questions de fond :

* Y a-t-il un marché assez important pour votre produit ?

* Quelles sont les raisons pour lesquelles vos concurrents ne sont pas déjà sur le marché ?

* Quelles sont les habitudes et les préférences de vos clients cibles ?

A vous de jouer

* Ne laissez pas vos émotions vous brouiller les esprits. Évaluez les opportunités de marché avec la tête froide. Examinez sur quels

marchés vos concurrents sont, et ceux sur lesquels ils ne sont pas. Pourquoi ? Est ce qu'ils en savent plus long que nous ? Est ce qu'il s'agit d'un marché viable ?

- Testez le marché avec un projet pilote ou une étude de faisabilité

- Obligez-vous à ne choisir un marché qu'après avoir expliqué sa viabilité par écrit, pour votre bénéfice ou celui de vos collaborateurs.

Voir aussi

6- Le choc des titans: Vente Vs Production

Il y a quelques temps, j'ai eu le privilège d'être invité à enseigner le marketing stratégique à l'école de Management de Shanghai, en Chine. J'ai passé 6 mois dans ce pays et c'était captivant d'observer la lutte entre les équipes académiques et les équipes commerciales. Les universitaires étaient d'avis que le département du développement commercial devait vendre les cours qu'ils avaient créés. Le département leur rétorquait qu'ils feraient mieux de créer des cours qui intéressent les étudiants. Les équipes académiques blâmaient un manque d'effort commercial et de mauvaises techniques marketing pour le peu de succès de leurs cours. Le département de développement commercial accusait les universitaires de ne se soucier que de leurs poursuites académiques et non des étudiants.

Même si je n'étais qu'un simple spectateur, c'était fascinant à regarder, C'était aussi très révélateur car j'avais vécu le même scenario dans d'autres contextes. J'ai été témoin des mêmes conflits dans différents pays, que cela soit dans des entreprises, des organisations à but non lucratif, ou des associations. Une de ces associations caritatives que je conseillais en Angleterre parvenait à lever des fonds en promettant des résultats que les autres départements ne pouvaient produire. La plupart des entreprises commerciales vivent dans un conflit permanent entre le département de vente et le département de production. Dans ce cas, il y a toujours un clivage entre les équipes de production qui travaillent en interne et les équipes qui travaillent avec les clients en externe. Ces tensions sont le reflet d'incompréhensions au sein de l'entreprise et qui peuvent, à la longue, la faire imploser.

En tant que consultant, j'ai vu un grand nombre de tensions- parfois de conflits ouverts- entre les départements de vente et de production d'une entreprise. Le « Département Marketing » (souvent une appellation moderne pour dire « Service Commercial ») est souvent en désaccord avec ceux qui sont responsables de la production des produits et des services, au cœur de l'entreprise.

Une autre source de conflit ressort quand le service commercial reçoit des incitations financières sur la réalisation d'objectifs de vente. Cela peut entraîner des conflits avec le département de production, qui doit réaliser les promesses de prix bas et de livraison express que les vendeurs ont fait aux clients, pour réaliser leurs objectifs. Je ne blâme pas les vendeurs, je blâme les dirigeants. C'est la responsabilité des gérants d'accorder harmonieusement les différents services d'une entreprise.

Une autre source de conflit vient du cas contraire : quand le service commercial est rendu responsable du manque de ventes, alors que le problème est qu'il n'y a pas assez de demande pour le produit, ou qu'il n'est tout simplement pas assez bon. Ou que les équipes dirigeantes concentrent leurs efforts sur le mauvais marché. Une fois encore, je pointe du doigt les dirigeants qui pensent souvent que tout peut se vendre si le « Département Marketing » travaille correctement.

Qui a tort et qui a raison?

Mon opinion est que ces batailles sont la marque d'un échec des équipes dirigeantes. En effet, ce sont les gens du haut qui prennent les décisions stratégiques. La stratégie d'entreprise n'est pas autre chose que l'harmonisation de ce qui peut être produit de manière rentable et sur quel marché. Cela implique de prendre des décisions difficiles, comme quels produits ou quels marchés éviter. Ces conflits apparaissent quand l'absence d'une stratégie réaliste, basée sur les besoins du marché et les capacités de production interne se fait sentir. On voit alors faire surface des tensions et un manque de satisfaction chez les employés, ainsi que de la frustration et de l'inefficacité.

C'est essentiellement un problème de marketing stratégique, pas opérationnel. Et qui est responsable du marketing stratégique ?
Pas le « Service Marketing » mais le PDG.

Points Clés

Il est fréquent dans une entreprise ou autre structure de voir des tensions entre les équipes de production qui travaillent en interne et les équipes de vente qui travaillent avec les clients en externe. Cela dénote un manque de stratégie qui pourrait harmoniser les produits et les marchés. La responsabilité en revient aux équipes dirigeantes, mêmes si c'est souvent ceux des échelons plus bas qui en font les frais.

A vous de jouer

• Encouragez une bonne harmonie entre les différents départements de votre entreprise en créant une stratégie marketing claire et précise. Cela veut dire décider quels produits ne pas vendre et quels marchés ne pas servir. Alignez les intérêts et les incitations financières des producteurs et des vendeurs. Même si cela demande de restructurer l'organigramme et de modifier des responsabilités.

• Assurez-vous qu'il y ait un lien de communication direct entre le département de vente et celui de production, Tout conflit devra être résolu par la médiation des cadres dirigeants.

Voir aussi

7- Insolite, mais stratégique

J'ai écrit un article intitulé « Une guérilla insolite à Utrech »[2] sur une agence d'infographistes qui avait mis en place une campagne de marketing offensive.

En utilisant des échelles, ils collèrent de larges posters devant les fenêtres des bureaux de plusieurs entreprises, promouvant leur compagnie et demandant aux entreprises de les contacter. Sur le plan marketing, c'était très audacieux. Cela attira non seulement l'attention des clients qu'ils visaient mais aussi l'ensemble des entreprises locales.

A quoi jouaient-ils ? Était-ce même légal ? Est-ce qu'ils avaient complètement perdu l'esprit ?

Même si les actions en elles-mêmes étaient spectaculaires, elles cachaient un raisonnement très stratégique. Avant de se lancer à l'assaut avec échelles, pinceaux et posters en main, les fondateurs avaient passé un long moment à analyser très précisément leur marché cible.

Ils prirent le temps de comprendre la concurrence pour identifier leur avantage concurrentiel. Ils recherchèrent soigneusement quels clients étaient les plus importants pour eux afin de les contacter de cette manière.

Ce n'était pas du tout une idée folle, c'était une vision bien pensée et mûrie, créée stratégiquement par les dirigeants. Il s'agissait d'une campagne marketing très sérieuse, basée sur une stratégie marketing solide, et non de l'esbroufe théâtrale.

Je connais un autre exemple aussi « Insolite mais Stratégique » : PepperSprout est une agence de publicité qui créa une campagne de marketing assez intéressante pour être mentionnée dans mon livre : «Tshirts and Suits: The Business of Creativity »[3]. A l'inverse de la plupart de leur concurrents, qui acceptaient toutes sortes de projets , PepperSprout était ambitieux dès le départ. Inspiré par David Ogilvy et son livre : « Confessions of an Advertising Man », PepperSprout fît une liste de clients potentiels. Une de ces cibles potentielles était la marque de chaussure de sport Puma UK. C'était un prospect très ambitieux pour la petite agence qui venait de débuter. Les fondateurs le savaient bien et avaient compris tout de suite qu'ils devaient faire quelque chose de spécial pour attirer l'attention de leur client potentiel. C'était leur problème principal. Ils avaient la conviction que s'ils avaient l'opportunité de parler à un des cadres dirigeants de Puma UK, ils pourraient emporter un contrat pour une campagne de pub pour Puma UK.

Mais comment faire en sorte de passer au travers des nombreux chiens de garde ? Un email ne serait sûrement pas efficace, et si leur lettre d'introduction avait la chance de ne pas passer directement à la poubelle, une lettre de rejet était alors assurée.

Ayant décidé de manière logique et stratégique de leurs buts, ils passèrent de la pensée dite du « cerveau gauche » à la pensée dite du « cerveau droit », et trouvèrent quelques solutions originales. Ils finirent par faire ceci : ils prirent une chaussure de sport Puma et la découpèrent le long des coutures afin de l'ouvrir complètement, de manière à pouvoir la placer sur une tête comme un chapeau surréaliste. Ils engagèrent un mannequin et un photographe de mode pour un shooting. Ils mirent cette image en couverture de leur revue interne. Enfin, ils envoyèrent une copie par courrier, avec une lettre d'accompagnement au directeur général de Puma UK. En moins de 24 heures, ils avaient reçu un appel du directeur général les invitant à une réunion. En utilisant leur créativité pour générer un impact puissant, ils réussirent à atteindre les dirigeants. Après cette réunion, ils remportèrent un contrat pour créer la campagne de pub pour un des produits Puma.

Je félicite les entrepreneurs qui créent ces campagnes créatives. Dans les deux cas cités, ils sont arrivés à combiner une stratégie bien réfléchie et définie, et des actions imaginatives et attrayantes. De cette manière, le marketing peut être à la fois stratégique et original.

Points Clés

Les communications marketing sont la plupart du temps très créatives et souvent poussées. Mais ceci ne veut pas dire qu'elles ne sont pas logiques. Il y a le plus souvent une bonne raison derrière ce coup de folie. Les communications marketing peuvent être farfelues mais aussi faire partie d'une pensée stratégique.

A vous de Jouer

Créez un cadre de réflexion stratégique pour votre marketing avant de faire votre session de brainstorming pour trouver des solutions imaginatives, créatives et originales de communiquer vos messages clés à vos clients cibles.

Voir aussi

8- Les deux types de créativité

Le Marketing peut être à la fois stratégique et original, en utilisant deux types de créativité.

Nous avons un problème avec le mot « créativité ». On le comprend souvent exclusivement comme créativité artistique. Ainsi, nombre de gens m'ont confié qu'ils n'étaient pas créatifs pour en fait me dire qu'ils n'avaient pas de grands talents artistiques. Malgré ça, ces personnes sont souvent très créatives quand il s'agit de créer leur entreprise, de développer de nouveaux produits, d'inspirer les autres, de former des partenariats et de gérer des situations complexes.

Je suggère que nous adoptions deux définitions pour le mot créativité, une idée que j'ai proposée dans mon discours à TEDx Naples[4]. J'ai créé deux nouveaux termes : la créativité A, quand on parle de créativité artistique, et la créativité I pour parler d'une créativité plus large. La créativité I peut aussi être appelé Ingéniosité, Penser Différemment, Innovation ou tout simplement Résoudre des problèmes.

Quand je travaille avec des entrepreneurs créatifs, je suis souvent impressionné par la créativité que ces talents développent dans leur travail. Dans leurs studios, ils créent des produits, font des films, produisent de la musique, des jeux vidéo ou publient des livres. D'un autre côté, je suis souvent attristé de voir qu'ils n'utilisent pas leurs capacités créatives quand ils vendent. Je suis persuadé que la créativité a une place, non seulement dans le monde artistique mais aussi au sein des stratégies et techniques qui constituent le monde des affaires.

Les personnes créatives peuvent utiliser la Créativité A dans le studio et la Créativité I dans les affaires. La créativité n'est pas le monopole de l'artiste ou du studio. La créativité suppose une approche différente des activités commerciales. Si l'on pense de cette façon, un monde s'ouvre à vous. Par exemple, deux

---

4 http://blog.davidparrish.com/tshirts_and_suits/2012/04/a-creativity-i-creativity.html

galeries d'art à Ho Chi Minh Ville au Vietnam ont décidé de ne pas être en concurrence mais en partenariat[5]. Un autre exemple de complémentarité de la créativité A dans le studio et de la créativité I dans le bureau est l'illustrateur brésilien Guiherme Marconi qui ne vend pas ses illustrations aux grandes entreprises mais les louent. J'ai écrit l'article « Ne le Vendez pas, Louez le »[6] à ce sujet. Ma série d'articles en ligne « Ideas in Action »[7] met en scène des entrepreneurs créatifs qui utilisent la créativité I pour inventer des solutions commerciales innovantes.

En terme de marketing, nous avons besoin d'utiliser à la fois la créativité A et la créativité I. Ce qui veut dire que nous allons utiliser nos capacités créatives à la fois au studio et au bureau. Nous devons nous assurer d'avoir d'abord le bon cadre stratégique, avant de nous occuper des feux et lumières des communications marketing.

Points Clés

Le marketing peut utiliser deux types de créativité : créativité artistique et un type de créativité plus général qui amène une ingéniosité à la résolution des problèmes. Distinguons-les en les appelant Créativité A et Créativité I. Nous pouvons utiliser les deux pour gérer une entreprise créative.

A vous de jouer

• Utilisez les termes Créativité A et Créativité I pour distinguer les deux types de créativité. Décidez comment chacune peut être utilisée au studio et au bureau.

Voir aussi

---

5   www.tss-ideasinaction.com

6   www.tss-ideasinaction.com

7   www.tss-ideasinaction.com

Il est temps de focaliser sur votre marketing, et ceci sans vous préoccuper de vos techniques de vente, mais en réfléchissant à ce qui fait le cœur de votre entreprise.

Faites un effort pour mettre au clair vos passions, le type de clients qui vous correspond, et les actions que vous devez éviter de réaliser.

Ce type de réflexion marketing vous aidera à rendre votre entreprise plus authentique, plus intégrée et vraiment prospère.

Mais il faut aussi garder en tête la concurrence...

CHAPITRE 2 :

Trouver ses facteurs clé de succès

Il est recommandé de faire une ou deux choses correctement, plutôt que d'essayer d'être bon partout ; car les clients veulent la plupart du temps un spécialiste et non un généraliste. En proposant un vaste éventail de services, vous entrez en concurrence sur plusieurs marchés et vous vous créez de multiples rivaux. Choisir d'être bon uniquement sur quelques marchés demande de la réflexion : C'est pourquoi la majorité des gens l'évite. Ils font en sorte d'être toujours très occupés, et de ne pas avoir le temps de penser à la stratégie. Votre entreprise n'a aucune faiblesse intrinsèque, sauf si elle est entraînée dans une mauvaise direction. En étant malin, vous pouvez faire en sorte de connecter les caractéristiques de votre entreprise à la bonne cible et aux bons projets. Ces caractéristiques deviendront alors des facteurs clé de succès.

Ce n'est pas ce à quoi vous êtes bons qui est important, mais en quoi vous êtes meilleur par rapport à vos concurrents et qui vous donne un avantage concurrentiel. Les clients idéaux sont ceux qui veulent que vous donniez le meilleur de vous-même.

9- Ne courrez après qu'un seul lièvre

Un proverbe chinois nous dit : « Si vous courrez après deux lièvres, les deux vont vous échapper ». Il est préférable de faire une seule chose bien, vraiment bien. C'est une des dix vérités que Google nous a prouvé. Pour moi, ces deux approches disent la même chose, une venant de l'Est et une venant de l 'Ouest, une ancienne et une moderne.

Dans le monde des affaires, mon conseil aux entrepreneurs est souvent de se concentrer. N'essayez pas d'en faire trop, mais faîtes certaines choses, ou même une seule chose, parfaitement.

Au contraire, la plupart des entreprises que je rencontre se dispersent énormément. Elles épuisent leurs ressources sur des marchés différents et par conséquent, sont incapables de rivaliser de manière sérieuse face à des concurrents qui se concentrent sur un produit précis. Être un touche-à-tout peut vraiment être dangereux. C'est un problème que je rencontre particulièrement chez les entreprises récemment créées, car elles n'ont pas trouvé leur avantage concurrentiel et offrent de faire un peu de tout.

Miguel était un participant dans un des mes ateliers à Bilbao, en Espagne. Il était infographiste, et offrait une variété de services comme la création de logos, de papeterie personnalisée, de posters, d'identité visuelle, la création et l'impression de prospectus, et des services plus spécialisés comme la mise en page de livres. Pour lui, plus il offrait de services, plus il avait de chance de convaincre de nouveaux clients. Il me disait même : « Avec un filet plus large, j'attraperai plus de poissons ». Par résonnance, il pensait qu'en intégrant d'avantage de mots clés dans son site internet, cela générerait plus de contacts potentiels avec des prospects.

Il y avait un seul problème avec son plan : les clients

Les clients ne se comportent pas toujours de la manière escomptée, et ils perçoivent les choses de manière différente. Pour un client, un touche-à-tout est en fait un « bon-en-rien ». Miguel augmenta le nombre de visiteurs sur son site, mais sans les convertir en clients. Quand les visiteurs arrivaient sur son site, ils voyaient immédiatement qu'il était un touche-à-tout, et non un spécialiste dans le mot clé qui les avait mené sur ce site.

Les clients cherchent un expert qui va faire exactement ce qu'ils veulent.

Il y a souvent un pont entre la façon dont nous anticipons la réaction des clients et la manière dont nous nous comportons nous-même en tant que clients. Si vous cherchez un électricien pour refaire le câblage électrique d'une maison ou d'un bureau, est-ce que vous choisirez celui qui offre aussi de faire la construction, les plâtres, la menuiserie, et la plomberie ? Un artisan qui a toutes ces compétences pourrait penser qu'en promouvant tous ces services à la fois, il gagne plus de travail. Mais ça m'étonnerait. Pour ma part, je ne voudrais sûrement pas d'un généraliste pour faire le travail d'un spécialiste. Si les clients ont besoin d'un électricien, ils vont engager un spécialiste, quelqu'un qui connaît le sujet à fond, un expert.

Regardez vos communications marketing du point de vue du client. Est-ce qu'ils veulent un généraliste ou un spécialiste ? Pourquoi viendraient-ils acheter chez vous alors que quelqu'un d'autre est un spécialiste ?

Comment pouvez-vous vous spécialiser et devenir le point de référence ?

Points Clés

Les clients veulent un spécialiste pas un généraliste ou un touche-à-tout. Il est fondamental de savoir faire une ou deux choses bien plutôt que se positionner sur plusieurs marchés, et de voir les clients choisir un spécialiste.

A vous de jouer

- Posez-vous cette question : Dans quel domaine pouvez-vous vous spécialiser pour devenir la référence ? Au lieu d'être un généraliste, choisissez une spécialité dans laquelle vous pouvez être un expert.

* Décidez de ce qui vous rend excellent par rapport à la concurrence. Et communiquez cette particularité aux clients cibles pour qui c'est vraiment important.

Voir aussi

10- Êtes vous occupé à ne rien faire ?

On évite de faire les choses difficiles en remplissant son agenda d'activités triviales. Nous nous occupons de bagatelles urgentes, au lieu de ce qui est important. Nous évitons de prendre des décisions importantes en étant tout le temps trop occupé par ce genre de choses.

Je rencontre des centaines de chefs d'entreprise dans mon travail, et malheureusement, ils sont trop nombreux à être occupés à ne rien faire. Ils préfèrent être occupés à faire de la promotion, plutôt que de s'arrêter une minute pour penser. Parce que penser n'est ni facile ni plaisant. Être trop occupé pour penser, c'est une échappatoire, une excuse. C'est la solution de facilité. De ce point de vu, être occupé devient une sorte de paresse intellectuelle. Je suis tout à fait d'accord avec Timothy Ferris qui en parle dans son livre « La Semaine de Quatre Heures ».

Travailler dur peut être une distraction pour ne pas travailler intelligemment. Etre débordé par des activités de marketing opérationnel est bien plus facile que de se pencher sérieusement sur le sujet épineux de la stratégie marketing.

Ne vous laissez pas distraire par les communications marketing et les nouveaux média. Arrêtez de promouvoir vos produits à tout-va à des clients qui ne sont pas votre cible et résistez à la tentation d'envoyer des emails et des tweets dans toutes les directions. Calmez vous et essayez de penser de manière limpide.

Souvenez-vous que la stratégie est la partie la plus importante de votre marketing, c'est le cœur de votre entreprise. Faites une différence bien claire entre votre marketing stratégique et votre marketing opérationnel. Prenez garde de finaliser votre stratégie marketing avant de vous tourner vers le marketing opérationnel.

Ne soyez pas occupés à ne rien faire. Ralentissez et pensez en profondeur : travaillez intelligemment. Soyez malin avec votre marketing. Pensez à votre marketing stratégique avant tout.

Points Clés

Il est facile de courir dans tous les sens pour des choses triviales et d'éviter de se pencher sur les questions de stratégie, qui sont difficiles. De ce point de vue, être tout le temps occupé devient une sorte de paresse intellectuelle.

A vous de Jouer

* Arrêtez de courir. Concentrez-vous sur votre marketing stratégique. Ralentissez, et réfléchissez.

* Décidez d'un moment précis pour réfléchir à votre stratégie marketing avec vos collègues ou vos conseillers.

Voir aussi

11- Comment transformer vos faiblesses en forces

Margit est la propriétaire danoise d'une agence de relations publiques. Elle était frustrée par le fait qu'il était difficile pour sa petite agence de gagner des contrats avec des grandes entreprises. Même si elle avait répondu aux appels d'offres ou essayé une approche directe, des concurrents plus gros l'emportaient toujours. La taille relativement petite de son agence était une faiblesse quand elle répondait aux appels d'offres de ces clients et elle me demanda un jour comment y remédier au sein de son entreprise, qui était par ailleurs en pleine croissance.

Nous débutâmes par un diagnostic de son entreprise et de ses marchés. L'agence étant relativement petite, ses coûts fixes étaient bas. Elle était plus flexible que ses concurrents, avec un portefeuille impressionnant de clients de petite et moyenne taille. Il est vite apparu qu'il était plus rentable pour son entreprise de travailler avec des clients de petite à moyenne taille. En effet, ses concurrents plus gros mais subissant des coûts fixes plus élevés, n'étaient pas en mesure de répondre de manière efficace aux mêmes clients. Nous arrivâmes donc à la conclusion que la stratégie la plus efficace n'était pas de gagner de gros contrats, mais de se concentrer sur le marché dans laquelle son entreprise avait un avantage concurrentiel: des contrats de petite taille pour des clients de petite taille.

Il était plus rentable pour sa petite agence de relations publiques d'avoir un grand nombre de petits contrats, facile à gagner et à remplir, plutôt que de passer du temps et de l'argent à essayer de remporter un appel d'offre face à des concurrents plus gros, et de risquer de perdre. Margit transforma sa perception de faiblesse en force et décida de ne pas augmenter la taille de son entreprise. Elle en augmenta par contre les profits.

L'analyse classique SWOT, ou FFPM, propose à l'entrepreneur d'examiner les Forces (Strengths) et Faiblesses (Weaknesses) internes de l'entreprise, et d'évaluer ensuite les Opportunités (Opportunities) et les Menaces (Threats) qui y correspondent.

J'ai beaucoup travaillé avec la matrice SWOT et pour moi, les entreprises qui l'utilisent y mettent des caractéristiques qui sont à la fois des forces et des faiblesses, selon les circonstances. Le problème avec cette approche est que les forces et les faiblesses d'une entreprise n'ont de sens que dans un contexte particulier. Une caractéristique commerciale peut être une force dans une situation, et une faiblesse dans une autre. Par exemple, un style de négociation agressif peut être une force aux États Unis, mais une faiblesse en Chine. Une grosse entreprise peut réaliser des économies d'échelle, mais être perçue comme impersonnelle par certains clients. Une compagnie dirigée par des gens jeunes peut être plus à même de forger un lien avec des clients du même âge, plutôt que ceux d'une génération précédente. Une entreprise peut être perçue comme exotique à l'étranger, et bien ordinaire sur son sol natal.

Ainsi, au lieu de classifier les faits comme une « force » ou une « faiblesse », je préfère le terme plus neutre de « caractéristique ». Par la suite, le but de la stratégie de l'entreprise sera de manœuvrer ces caractéristiques vers un point du marché où elles deviennent des forces.

La stratégie d'entreprise ne s'inquiète que de ce sujet : transformer nos attributs en force en choisissant les bonnes cibles et les bons projets. Une certaine caractéristique de la société n'est une faiblesse que quand elle est mal alignée avec une cible ou un projet. Évitez ces erreurs d'alignement et vos faiblesses disparaîtront. Choisissez la bonne cible et les bons projets : ces caractéristiques deviendront des forces.

Soyez francs avec vous même sur vos passions et vos valeurs en tant qu'entrepreneur, et dans quelles circonstances vous vous sentez dans votre élément. Marriez les attributs de votre personnalité et de votre entreprise aux circonstances vous entourant pour qu'elles deviennent des forces. Soyez authentique et en accord avec vous-même, et offrez à votre entreprise la possibilité d'être authentique. Soyez fiers de ce que vous êtes, soyez différents. N'essayez pas d'être comme tout le monde. Une amie artiste dit : « Votre différence est votre force ». Racontez votre histoire : certes vous risquez d'aliéner certaines personnes mais vous en attirerez d'autres. Parler ouvertement de ce que vous êtes et de ce en quoi vous croyez, va polariser le marché et aider à distinguer les bonnes cibles des mauvaises.

Soyez prêt à dire « Non » aux clients qui ne sont pas en accord avec vos forces, vos valeurs et vos objectifs.

Connectez votre entreprise authentique à la bonne cible, c'est tout ce que le marketing cherche à faire. Du moins, le marketing stratégique, celui qui vous aide à réussir. C'est comme ça que l'on crée une entreprise gagnante.

Points Clés

Les forces et les faiblesses d'une entreprise ne peuvent être évaluées que dans un contexte particulier. Ne changez pas votre entreprise mais changez votre perspective. Connectez les réalités de votre entreprise aux cibles et aux projets pour qu'elles deviennent des forces.

A vous de jouer

- Recherchez les clients et les projets qui correspondent aux caractéristiques de votre entreprise, afin qu'elles cessent d'être des faiblesses et deviennent des forces.

- Faites une liste des clients cibles que vous pouvez servir mieux que vos concurrents.

Voir aussi

12- Quel est votre avantage concurrentiel?

Felipe gère une petite compagnie de production visuelle à Bogota, en Colombie. Quand je lui ai demandé en quoi son entreprise excellait, il me répondit immédiatement « les clips musicaux ». Il me parla des vidéos qu'ils avaient produites pour des groupes de rock. Il me parla aussi de leurs vidéos d'entreprise, et de celles qu'ils avaient réalisées pour les associations locales avec des sous-titres pour chaque intervenant s'exprimant en langue étrangère.

Ma question suivante fût de demander à Felipe ce qu'ils pouvaient faire mieux que la concurrence. Nous dûmes reconnaître que des centaines d'autres compagnies produisent aussi des clips musicaux, et donc que son entreprise ne pouvait dominer le marché. Cependant, très peu de concurrents pouvaient produire des documentaires pour associations et groupes locaux avec plus d'une langue. En fait, il s'avéra qu'ils étaient parmi les meilleurs pour ce qui était du documentaire polyglotte. Même s'ils excellaient en clips musicaux, ils n'étaient pas particulièrement remarquables sur ce marché. Ils n'excellaient pas **par rapport à la concurrence.** Leur avantage concurrentiel se trouvait sur la réalisation de documentaire polyglotte. En quoi pouvez vous exceller ? Plus précisément, en quoi pouvez-vous exceller **par rapport à la concurrence ?**

Il est tout à fait logique de se concentrer sur les marchés où vous avez un avantage concurrentiel : de faire seulement ce à quoi vous excellez par comparaison avec vos concurrents. De cette manière, vous pouvez faire concurrence en suivant vos propres règles, en choisissant vos batailles et en ayant une position de force pour traiter avec vos concurrents.

Cet avantage concurrentiel peut être technique, par exemple une expertise dans un certain milieu. Ou venir de vos infrastructures, de vos systèmes, de votre logistique ou d'économies d'échelle que vos concurrents ne peuvent aisément copier. Par exemple, un réseau de distribution étendu, une analyse pointue de vos ventes, une grande capacité de production ou des livraisons rapides peuvent vous fournir un avantage comparatif sur vos concurrents sur certain marché.

Votre avantage concurrentiel peut aussi venir de votre réseau personnel ou de votre statut social. Il se peut que vous soyez particulièrement bien respecté dans une certaine communauté, que vous ayez de bons contacts dans une industrie ou que vous soyez plus à même de vous identifier avec certains clients que vos concurrents à cause de ressemblances culturelles, linguistiques ou autres. C'est particulièrement important dans les secteurs où les relations personnelles sont cruciales.

La plupart des entreprises qui sont gérées par des personnes créatives et qui vendent des produits issus de cette créativité sont basées sur les relations personnelles. Plus un client est proche des gérants, plus ces relations personnelles prennent de l'importance. Cet avantage social a peu d'importance dans les secteurs impersonnels.

En d'autres termes, il n'est pas primordial qu'une relation commerciale soit liée à un contact relationnel fort. Mais, plus le client a besoin de vous connaître, vous aimer et vous faire confiance, plus vous aurez besoin de mettre l'accent sur la dimension humaine et la « personnalité» de l'entreprise dans votre stratégie marketing et dans vos communications.

Il faut connaître sa concurrence pour établir son avantage concurrentiel.

La stratégie marketing s'établit sur son avantage concurrentiel. Si vous voulez vous concentrer sur ce que vous savez faire de mieux que vos concurrents, vous devez connaître leurs points forts et faiblesses. « Connaissez votre ennemi » est un des principes fondamentaux de l'Art de la Guerre. De la même manière dans le monde des affaires, nous devons savoir qui est en face, les batailles que nous ne pourrons jamais gagner et celles que nous pourrons. Jack Welsh, le PDG de la General Electric, a dit qu'il faut être parano pour survivre. Je ne fais pas l'apogée de la paranoïa, mais c'est dans votre intérêt, en tant qu'homme ou femme d'affaire, de savoir ce que vos concurrents font et de reconnaître leurs forces et leurs faiblesses. De cette manière, vous pourrez trouver le meilleur moyen de leur faire concurrence dans un marché saturé. Les études de marché devraient ainsi aussi inclure non seulement une étude des besoins des clients, mais des recherches sur les forces et faiblesses relatives de vos concurrents.

Ainsi, un avantage concurrentiel peut être basé sur une expertise, une structure commerciale ou des relations sociales. C'est la clé pour dominer un marché. Quand vous dominez le marché, l'équilibre de la négociation entre vous et vos clients change, ce qui impacte sur le prix que vous pouvez demander.

Si vous êtes juste un fournisseur parmi d'autres de produits génériques, votre seule option est de baisser vos prix. Mais si vous vous démarquez de la foule des fournisseurs, vous pourrez accroître votre demande et vos prix. C'est le jeu de l'offre et de la demande.

Un marché important peut sembler attirant, mais si l'offre est encore plus nombreuse, c'est un marché où les acheteurs ont la main mise. Il est plus souhaitable d'être un gros poisson dans une petite mare, plutôt qu'un petit poisson dans une grosse mare. Les petits se font dévorer par les gros, et les entreprises sans avantage concurrentiel courent à leur perte.

Points Clés

Vous ne récolterez que des échecs en faisant ce que les autres font mieux que vous. Ce n'est pas ce à quoi vous êtes bon qui est important, c'est ce à quoi vous êtes bons par rapport à la concurrence, qui vous donne un avantage concurrentiel. Cet avantage va vous permettre de dominer le marché- même s'il est petit- et d'augmenter vos prix.

A vous de jouer

• Faites une étude de marché sur vos concurrents afin de découvrir votre avantage concurrentiel. Choisissez un marché que vous pouvez dominer.

- Faites une liste de tous vos concurrents et notez les choses qu'ils peuvent faire mieux que vous. Par élimination, identifiez ce que vous pouvez faire mieux qu'eux, au moins mieux que la plupart.

Voir aussi

13- Comment vous faire de nombreux ennemis

La généralisation entraine la concurrence, tandis que la spécialisation génère des partenariats.

Un généraliste fait concurrence à ses rivaux sur tous les fronts, sur chacun des secteurs sur lesquels il essaie de gagner des clients. Être un généraliste est une façon parfaite de multiplier son nombre de concurrents ! Au contraire, un spécialiste ne menace pas les autres entreprises travaillant dans des secteurs complémentaires.

Par exemple, une entreprise qui offre de la conception de sites internet, de l'optimisation des moteurs de recherche, des vidéos en ligne et de la rédaction de copie (copywriting) rentre en concurrence avec toutes les entreprises travaillant dans tous ces secteurs. Au contraire, une entreprise qui se concentre sur une activité, dans laquelle elle excelle par rapport à ses concurrents- par exemple en devenant un spécialiste de l'optimisation des moteurs de recherche- peut être en conflit avec ses concurrents directs et former des partenariats avec d'autres concepteurs de sites, créateurs de copie, spécialistes vidéo, etc.

Quand nous nous concentrons sur ce à quoi nous excellons, nous avons plus de chance d'être dans notre élément. Nous savons de manière instinctive quand nous faisons le type de travail qui sommeillait en nous. Les grands créatifs comme le créateur de mode Paul Smith, le designer industriel James Dyson ou l'architecte Norman Foster ont tous contribué de manière unique à leur secteur.

Se concentrer sur ce qui vous rend unique est une bonne stratégie commerciale. Célébrez votre différence et utilisez les points de différenciation entre vous et vos clients à votre avantage. Trouvez votre marché et adoptez-le. Collaborez avec d'autres spécialistes. Faites ce qui est « vraiment vous » bien, très bien.

Il est aussi fort possible qu'en vous spécialisant de cette façon, vous serez plus en phase avec vos valeurs et vos ambitions.

Points Clés

En offrant un large éventail de services, vous entrez en concurrence sur de nombreux marchés. C'est un bon moyen de multiplier vos concurrents, car vous vous mettez face à un grand nombre de spécialistes différents. Au contraire, en vous spécialisant, vous avez la possibilité de collaborer avec d'autres spécialistes.

A vous de jouer

• Décidez de combien d'autres entreprises vous voulez être le concurrent, un grand ou un petit nombre. Ouvrez-vous à des collaborations avec d'autres entreprises en vous spécialisant sur ce que vous faites le mieux, et en reconnaissant que les autres peuvent faire certaines choses mieux que vous.

• faites une liste des entreprises avec lesquelles vous pourriez collaborer si vous offriez une spécialité complémentaire à la leur.

Voir aussi

24- Un marketing de niche, pas de masse						*74*

14- La question d'un ami sur Facebook

J 'ai des milliers d' « amis » sur Facebook. Pas des amis personnels bien sûr, mais des gens qui se connectent avec moi en ligne. Ils me trouvent grâce à mon groupe Facebook pour entrepreneurs créatifs « Tshirts and Suits : Creativity and Business »[8].

Un beau matin, alors que j'attendais que mon café fasse effet, je me connectais sur Facebook et je trouvais un message d'un de ces amis. Marco, qui est un jeune italien, m'avait posé une question tout simple : « David, dites moi s'il vous plait comment créer une entreprise créative à succès ».

Ça alors, c'en était une question !

Cela allait me prendre du temps de lui répondre correctement. Donc ma première réaction fut de l'ignorer complètement. Cependant, même si je ne connaissais pas Marco, je ne voulais pas être impoli. Je décidai de lui accorder 5 minutes en lui donnant une réponse rapide. Que dire en cinq minutes ? Après réflexion, voici ce que j'ai écrit :

Cher Marco,

1. Trouvez quelque chose que vous pouvez faire mieux que vos concurrents

2. Trouvez les clients qui veulent cette chose

J'espère que ceci vous sera utile.

Bonne chance !

David

Toute entreprise commerciale doit répondre à ces deux questions. En premier, dans quel secteur excellons-nous par rapport à la concurrence ? Et en deuxième, quels sont les clients qui veulent acheter ces choses auxquelles nous excellons ?

---

8 www.facebook.com/groups/2404983690/

CHAPITRE 2: TROUVER SES FACTEURS CLÉ DE SUCCÈS

Les réponses à ces questions sont les bases de ce que j'appelle « Une formule commerciale unique ». Ce concept est expliqué en détail dans mon article « Créez Votre Propre Formule Commerciale »[9] (disponible en français). Une fois que cette formule commerciale unique est en place, le succès n'est pas loin. Elle fournit une base solide pour votre stratégie marketing.

La formule commerciale unique vous montre le Nord, comme une boussole. Bien sûr, une entreprise peut avoir besoin de faire des exceptions de temps en temps, surtout au début. Vous avez peut être besoin de faire un crochet pour éviter un accident sur la route. Les circonstances peuvent vous forcer à faire des détours loin du chemin choisi. Mais au moins vous connaissez la trajectoire. Vous pouvez vous remettre sur le bon chemin rapidement.

Ces questions ne sont pas seulement pour les nouvelles entreprises. Elles doivent être posées, et une réponse doit être trouvée fréquemment car de nouveaux concurrents apparaissent et les besoins des clients changent. Posez-vous ces questions à intervalles réguliers. A chaque étape de croissance de votre entreprise, la réponse à ces questions est cruciale.

Points Clés

Deux questions peuvent vous aider à créer la formule commerciale unique qui sera la base de votre stratégie commerciale. Dans quels domaines pouvons-nous exceller par rapport aux concurrents ? Qui sont les clients précis qui veulent ce en quoi nous excellons ?

À vous de jouer

- Répondez à ces deux questions pour votre entreprise. Créez une formule commerciale, ou révisez celle que vous avez créée. Répétez aussi souvent que nécessaire.

---

9 www.tss-cyobf.com

Voir aussi

Ralentissez, vous roulez trop vite !

Au lieu de perdre la tête à essayer d'être partout, arrêtez-vous un instant pour réfléchir.

Au lieu d'essayer de tout faire, faites une chose- ou un petit nombre de choses- très bien.

Arrêtez de courir, asseyez-vous et répondez à ces deux questions :

1) En quoi pouvez-vous exceller par rapport à vos concurrents ?

2) Quels clients attachent de la valeur aux choses dans lesquelles vous excellez

Les réponses vous donneront une recette à succès.

Et prenez garde de rester en ligne avec vos valeurs quand vous poursuivez vos buts.

CHAPITRE 3

Quels sont vos objectifs ?

Buts, valeurs et style personnel

« Réussir » signifie différentes choses pour différentes personnes. Quelle que soit votre définition, il est crucial qu'en tant qu'entrepreneur, vous soyez clair sur ce que vous essayez de bâtir. Vos valeurs, votre passion et votre style personnel sont des éléments essentiels de votre entreprise et sont liés à votre définition du succès.

Être authentique en affaires, cela veut dire rester vrai et être « dans votre élément ».

Identifiez vos passions, votre style personnel et ce qui vous distingue de vos concurrents. Ajoutez à ça des clients qui veulent ce que vous seul pouvez offrir. Concentrez-vous sur ce en quoi vous êtes le meilleur et trouvez les clients qui le recherchent. Le Marketing stratégique ne se préoccupe que d'une chose : c'est de trouver les clients qui sont sur la même longueur d'onde que vous. Avec ces clients, vendre devient facile et naturel, pas une difficulté.

Savoir quand dire « Non » est un élément essentiel d'une approche positive et focalisée sur la stratégie commerciale et marketing stratégique.

15- Voulez-vous avoir du succès ?

Voulez-vous avoir du succès ?

C'est une question que je pose souvent à mon auditoire quand je fais une présentation sur l'entreprenariat créatif. C'est une question stupide, d'un certain côté, car tout le monde veut avoir du succès. Par contre, ce que je trouve très intéressant, c'est que tout le monde parle de réussite de manière différente. Le mot « succès » veut de nos jours souvent dire un succès purement financier, mais quand j'insiste auprès des auditeurs pour qu'ils me décrivent leur version du succès dans chacun de ses aspects, les réponses varient largement.

Pour certains, réussir veut dire tout simplement réussir financièrement, aussi vite que possible, sans autre considération. Mais ces personnes sont plutôt rares. Pour la plupart des gens, la réussite rime avec succès financier (sécurité financière à long terme et revenus disponibles au court terme). Mais, elle peut rimer avec bon nombre d'autres facteurs. Cela peut incorporer par exemple la satisfaction au travail ou le sentiment de faire une différence positive. Certaines personnes donnent la priorité à un équilibre entre le travail et d'autres aspects de leur vie, ou la liberté de choisir leurs clients et leurs projets. Il y a tant de facteurs possibles. La recette de la réussite est différente pour tout le monde, même si tout le monde veut une part du gâteau !

Quand je travaille comme consultant en management, je demande à mes clients de définir leur version du succès, en termes très clairs et spécifiques Pour dire vrai, je ne le demande pas, je l'impose. Parce que s'ils ne sont pas clairs sur là où ils veulent aller, je ne peux pas les aider.

Visionner ses buts avec clarté est essentiel pour la réussite commerciale. Par conséquent, il est crucial que les associés d'une entreprise aient les mêmes buts et la même définition du succès. Être clair sur la destination ne veut pas dire être clair sur la route à prendre. Je ne suis pas en train de dire qu'il vous faut un plan à chaque étape, C'est bien plus difficile, vu que nous devons faire face à de nombreux obstacles et détours sur le chemin. Mais cependant, nous pouvons être sûr de là où nous voulons arriver, même si la route qui nous y amène est irrégulière, dangereuse et chaotique.

Une technique créative que je suggère à mes clients est de s'imaginer dans le futur, profitant du succès qu'ils méritent. En se positionnant dans cette date future, nous partons à reculons et identifions les décisions clés qui les y ont conduites. Ils ne se souviendront pas de chaque petit détail, mais ils se souviendront des grandes étapes et des grands virages. Ceux-ci seront différents pour chaque entreprise, assurément, mais il y aura toujours des étapes décisives. Il peut y avoir des alliances stratégiques, une croissance internationale, un changement d'identité, le retrait de certains marchés, des restructurations, ou d'autres évènements importants. Si on en revient au présent, ces étapes constituent la route à suivre vers le succès.

Points Clés

« Réussir » signifie des choses bien différentes. Quelle que soit votre définition du succès, il est crucial que chaque entrepreneur soit clair sur ce qu'il ou elle essaie de faire.

A vous de Jouer

• Définissez ce que réussir veut dire pour vous. Projetez-vous dans le futur. A quoi ressemble-t-il ? Quels sont les éléments de ce succès ? Comment en êtes-vous arrivé là ?

• Écrivez noir sur blanc votre définition du succès, avec des résultats mesurables, pour une date précise dans le futur.

Voir aussi

14- La question d'un ami sur Facebook   *40*

16- Valeurs, Passions et Style Personnel

Il est important que les chefs d'entreprise développent leur travail en adéquation avec leurs valeurs profondes. Ce n'est pas seulement une question de satisfaction personnelle, mais c'est bénéfique pour les affaires.

Quand je fais la promotion d'une entreprise, ou que je pense à y investir, j'essaie de comprendre les passions personnelles des gérants, leur motivation, leur élan créatif et leurs convictions personnelles. Je veux pouvoir, en les conseillant, pousser l'entreprise vers une direction qui est en phase avec leurs valeurs, leur enthousiasme et leur énergie. D'une part, c'est parce que je veux les voir motivés et heureux, mais aussi parce que c'est bénéfique pour les affaires. Dans ce cas-là, il n'y a pas de conflit entre ce qui est bon pour les personnes concernées et ce qui est bon pour l'entreprise. Une passion interne va aider l'entreprise à surpasser les moments difficiles et apportera de l'énergie quand l'entreprise en aura le plus besoin. Et cette passion doit être nourrie. Pour le bien de l'entreprise, je veux connecter cette passion aux projets, services, clients les plus appropriés. Faire autrement minerait les énergies des entrepreneurs et serait néfaste pour la société.

Décider quoi éviter fait partie de toute stratégie d'entreprise et peut aussi être basé sur une éthique commerciale, des valeurs personnelles, des considérations culturelles et autres facteurs.

L'art de la gestion stratégique est d'aligner les compétences et les passions qui existent au sein de l'entreprise, avec les marchés externes qui les comprennent. Ce sont les clients avec qui l'entreprise peut avoir les meilleurs rapports.

Points Clés

Vos valeurs, passion et style personnel sont des éléments essentiels de votre entreprise et sont intimement liés à votre définition du succès.

A vous de jouer

• Analysez quelles sont vos valeurs, vos passions et votre style personnel. Ils font partie de vous à part entière et vous sont naturel. Cependant, je vous suggère de les écrire quelque part. Cela sera utile pour clarifier votre définition de la réussite et votre formule commerciale.

• Faites une liste des choses qui sont en conflit avec vos valeurs. Cette liste peut inclure certains clients, projets, investisseurs ou pratiques managériales.

Voir aussi

17- Votre force vient de votre différence

Rob Kinsey était venu à un de mes ateliers sur le développement commercial dans le Derbyshire, en Angleterre. Rob est un artiste qui est aussi passionné de motocross. Il a été pilote de motocross et est resté très impliqué dans le secteur. Il vint à mon atelier pour découvrir comment il pouvait diversifier son travail. Il pensait qu'il devait travailler avec d'autres sujets que les motos afin d'avoir une base de clients plus solide. Il voulait vendre des tableaux plus variés, à une clientèle plus variée.

Mais il avait changé d'avis à la fin de la formation.

Au lieu de se diversifier et de s'éloigner de sa passion, il décida de s'y concentrer, en peignant exclusivement des motos et en visant les fans de moto. En moins d'un an, Rob fut invité à montrer ses tableaux aux championnats du monde de motocross. Il eut un grand succès, il était dans son élément, il était entouré des clients les plus enthousiastes pour son travail. Et il vendit un grand nombre de tableaux.

Tessa, une jeune infographiste de Londres et une cliente, avait une passion pour créer des sites internet qui n'étaient pas seulement fonctionnels mais qui avaient aussi, à son sens, du mérite artistique. Ils étaient tellement artistiques que les clients commentaient (sans que ce soit toujours un compliment) qu'ils étaient très « jolis ». Elle me dit que les autres conseillers d'entreprise lui avaient recommandé de se diversifier, et d'offrir des sites internet de tous styles, pas seulement des « jolis ». Elle comprenait bien ce qu'ils lui disaient, mais cela la rebutait. Au plus profond d'elle-même, elle ne le sentait pas.

Mes conseils, comme vous pouvez l'imaginer, furent différents.

Au lieu de se diversifier et d'entrer en concurrence avec des milliers d'autres créateurs de sites, je lui conseillai de se concentrer sur le type de sites qui la passionnait et qui était typique de son style personnel. Elle devait mettre l'accent sur son style personnel. Ce conseil lui plut et elle valida ma suggestion. Mais juste travailler avec vos passions ne vous apporte pas des clients- il faut aussi s'inquiéter de comment et où trouver de nouveaux clients.

Une formule commerciale complète ne fonctionne que si une spécialité est liée aux clients qui veulent payer pour cette spécialité. Donc la prochaine étape fut d'explorer avec elle quels types de clients précis étaient à même d'apprécier et de vouloir des sites internet si artistiques.

Il est évident que toutes les entreprises ne veulent pas un site esthétique. Mais certains professionnels seraient par contre intéressés. Elle mentionna des fleuristes, des coiffeurs, des boutiques de vêtements, des salons de beauté et autres types d'entreprises où l'élément visuel est très important. Il s'avéra que c'était le type de clients qu'elle avait déjà eu, et cela ne me surpris pas du tout. Elle était tout à fait contente de travailler avec ce type de clientèle, mais elle trouvait qu'elle avait besoin d'une plus grande variété de cible potentielle. C'était la raison pour laquelle elle faisait appel à moi. Elle était venue me demander comment elle pouvait vendre son style bien personnel à tous les types de clients.

Je lui proposai de modifier la question : au lieu d'essayer de vendre à tout le monde, pouvions-nous identifier et convaincre les clients qui veulent le type de site internet qui font sa différence.

Par conséquent, elle approcha la bonne cible et construit son offre ciblant ces secteurs. Elle n'essaya pas de tout faire. Elle se concentra sur ce qu'elle pouvait faire bien et sur les clients qui voulaient ce qu'elle pouvait offrir mieux que les autres créateurs de site- ce qui impliqua aussi de refuser de travailler avec tout autre type d'entreprises.

Pour Rob et Tessa, il n'y avait pas de conflit entre leur passion, leur marketing et leur succès commercial. Au contraire, ces éléments sont intimement liés à une stratégie marketing et à des clients qui leur correspondent.

Ils ne sont pas les seuls, ils ne sont même pas rares. Comme bon nombre d'entreprises prospères, ils restent authentiques, écoutent leur passion et suivent une stratégie marketing les amenant à la bonne cible.

Points Clés

Faites des connections entre vos passions, votre style personnel et votre différence et ciblez les clients qui veulent ce que vous seul pouvez offrir. N'essayez pas de tout faire. Concentrez-vous sur ce que vous faites le mieux, et trouvez les clients qui recherchent ce que vous offrez.

A vous de jouer

• Ne vous diversifiez pas, spécialisez-vous. Quelle est votre passion et votre spécialité ? Quels types de clients souhaitent cette spécialité dans laquelle vous êtes si bon ?

• Écrivez noir sur blanc ce qui vous passionne, ce sur quoi vous pouvez vous spécialiser et ce qui vous rend différent de vos concurrents. Ensuite, faites une liste des clients qui veulent cette spécialité.

Voir aussi

18- Une bonne stratégie, cela veut dire choisir ce qu'on va refuser

Qu'est-ce que le gourou de la mode Sir Paul Smith et l'artiste de motocross Rob Kinsley ont en commun ? Ils refusent tous les deux les projets qui ne vont pas avec leur stratégie commerciale.

Dans une interview sur Bloomberg TV, Paul Smith expliquait qu'il refuse de nombreux projets et clients, et qu'il ne sélectionne que ceux qui sont en accord avec sa marque et son style créatif. Rob Kinsley, l'artiste spécialisé en motocross, prit la décision stratégique de ne pas utiliser ses talents dans d'autres types d'art qu'il n'allait pas pouvoir dominer, mais décida de concentrer ses énergies sur un marché qu'il connaissait bien et qui le passionnait. Il est maintenant l'artiste le plus reconnu dans cette catégorie.

Apple a la même approche, rejetant des produits potentiels car ils sont très bons, mais pas révolutionnaires. Bill Gates, avec sa fortune immense, aurait pu investir dans tout un tas d'industries différentes, mais il décida d'investir uniquement dans le logiciel. Ces exemples montrent bien une détermination stratégique et demandent une grande capacité d'auto-gérance.

En termes de stratégie, un des points les plus importants est de décider de ce qu'on ne fera pas pour faire croître et développer l'entreprise. C'est quelque chose de particulièrement délicat. Et particulièrement difficile pour ceux qui ont besoin de se sentir occupés pour avoir l'impression qu'ils avancent. En terme de Marketing, décider de ce qu'on va éviter de faire, implique de prendre des décisions stratégiques sur les produits et les services à éviter, les concurrents à laisser de côté et les marchés à ne pas cibler.

Pour certains, cela semble négatif, mais c'est vraiment juste être malin. Il faut choisir ses batailles, trouver sa niche, utiliser ses points forts et ne servir que la cible la plus rentable. C'est donc une approche très positive.

En tant que consultant en marketing, je demande souvent à mes nouveaux clients sur quels marchés ils essaient de vendre. S'ils me répondent « tous », je suis navré de constater qu'ils n'ont aucune stratégie de prévu. De l'enthousiasme, oui, mais une stratégie, certainement pas. D'un autre côté, je suis toujours impressionné par une réponse claire qui montre que les clients et les projets ont été soigneusement sélectionnés.

Cela signifie que l'entreprise a considéré de manière objective ses options et décidé de concurrencer seulement sur les marchés où elle peut réussir et avoir un impact, en travaillant seulement avec des projets et des clients qui vont renforcer sa marque et son positionnement.

Une entreprise qui n'est pas stratégique reste floue, tandis qu'un conçurent qui l'est va avancer avec clarté et discernement. La première est sans doute vouée à l'échec, tandis que la deuxième aura plus de chance de réussir.

Choisir, c'est donc renoncer. Il est primordial de se concentrer sur un objectif et de ne pas courir deux lièvres à la fois. Il faut en laisser un s'échapper pour pouvoir attraper l'autre. Laisser courir ce qui n'est pas notre priorité permet d'utiliser toutes nos énergies à dominer un segment particulier du marché.

Il faut éviter la tentation de dire « Oui » à tout et à tout le monde.

A vrai dire, dire un gros « Oui » aux clients qu'on a choisis veut nécessairement dire qu'il faut rediriger les ressources au détriment d'autres clients moins prioritaires. En d'autres mots, il faut dire « Non » à certains pour dire « Oui » à d'autres, donc autant le faire de manière délibérée et consciente, plutôt qu'à demi. En étant clair sur notre stratégie commerciale et nos priorités marketing, nous pouvons à la fois aliéner et adopter des clients. C'est à dire que nous pouvons, de manière consciente, refuser de nous engager avec certains clients et œuvrer à une relation plus proche et plus efficace avec les clients choisis.

Dans ma propre entreprise de conseil et de formation pour PME, j'ai pris le parti de dire « Non » à tous clients hors des secteurs créatifs et digitaux, ce qui veut dire que je suis à même de mieux aider les entreprises dans les milieux du design, des média et de la technologie. Et par conséquent, mon expertise et ma réputation dans ces domaines s'en trouvent renforcés.

La stratégie d'entreprise est une question de Marketing, parce qu'au cœur de cette stratégie se trouve la question cruciale : Quel type de cibles cibler ?

Un point stratégique clé est de décider sur quels marchés nous ne devrions pas entrer. La stratégie marketing est vraiment à la base de la stratégie d'entreprise.

Evidemment, ces décisions concernant la stratégie marketing ont besoin d'être revues régulièrement car les besoins des clients, la compétitivité des concurrents et les conditions du marché évoluent.

Points Clés

Dire « Non » est un élément essentiel d'une approche positive et ciblée de la stratégie d'entreprise et du marketing stratégique.

A vous de jouer

- Classez vos marchés par ordre de priorité pour identifier ceux que vous pouvez dominer et prenez la décision stratégique de vous concentrer sur ceux-ci. Ensuite, dites « Non » au reste afin de concentrer vos ressources limitées sur les bonnes cibles.

- Faites une liste des marchés sur lesquels vous pouvez dominer. Ensuite sélectionnez les plus importants pour vous dans cette liste.

Voir aussi

19- La croissance- c'est quoi exactement?

Un jour, je fus invité à rencontrer les propriétaires d'une grosse entreprise de design dans le sud de l'Angleterre. En arrivant, je remarquais que le parking était rempli de voitures de sport. C'était clairement une entreprise prospère, donc je me demandais bien comment j'allais pouvoir les aider. Je demandais aux PDG quelle était la stratégie qu'ils avaient adoptée pour faire croître l'entreprise dans les dix dernières années. Ils me répondirent qu'ils n'avaient eu aucune stratégie, ils avaient grandi de manière organique, en répondant à la demande, en employant davantage de personnes et en changeant de bureaux fréquemment. Les propriétaires avaient fait grandir leur entreprise sans plan de développement et s'étaient rendus compte qu'elle ne marchait plus bien du tout. Ils me confièrent qu'ils n'étaient plus heureux. Ils étaient prisonniers d'une entreprise qui ne leur donnait plus ni la satisfaction de l'emploi, ni les compensations financières.

Imaginez un maçon qui construit une maison pendant des années, brique par brique, fenêtre après fenêtre, et qui se rend compte en posant la dernière tuile qu'il a oublié de créer une porte et qu'il est coincé. Quel imbécile ! Même si le projet était un projet lent, le maçon commencerait toujours avec un plan, afin d'être sûr que chaque action l'amène un peu plus prêt de son but.

Ironiquement, les designers qui construisirent leur agence de design ne firent pas cela du tout. Ils étaient trop occupés à poser brique après brique, jour après jour, la tête dans le guidon- sans prendre le temps de lever la tête pour voir qu'ils étaient en train de bâtir un monstre. Ils n'utilisèrent jamais leur capacité de design pour créer un plan d'entreprise.

Je ne suis pas fan de ce type de croissance sauvage, sans réflexion ni stratégie. Quand on leur demande pourquoi ils cherchent à développer leur entreprise, la plupart des entrepreneurs répondent que c'est tout simplement ce qu'on fait quand on a une entreprise : plus elle est grosse, mieux c'est. Pour moi, ce n'est pas une raison pertinente.

Ne vous méprenez pas, je ne suis pas opposée à la croissance.
Mais je suis contre une croissance sans réflexion et sans stratégie.
Je ne fais pas l'apogée de la croissance, car une croissance non
soutenue par une stratégie aboutit très souvent à un échec.
J'ai beaucoup plus de respect pour les entreprises qui ont décidé
de ne grandir que jusqu'à un certain point, et de s'y maintenir,
plutôt que pour celles qui grandissent sans savoir pourquoi. Ceux
qui arrêtent de grandir en termes d'employés ont en général une
stratégie bien précise- qui comprend sûrement des développements
rentables mais pas necessairement plus de salariés. Ces entreprises
augmentent leurs profits, pas leurs coûts.

Grandir est important, mais comment ? La croissance est devenue
un tel mantra que j'ai bien peur que nombre d'entreprises
grandissent sans y penser. Et je vois beaucoup d'entreprises arriver
à une certaine taille sans stratégie bien précise. Elles ont grandi
de manière organique, et ensuite se trouvent dans une situation
difficile, sans avoir beaucoup d'options. Elles ne sont pas assez
grandes pour faire les économies d'échelle dont elles ont besoin
pour faire concurrence à leurs rivaux les plus gros, et elles ne
sont plus assez petites pour être une spécialiste et dominer une
niche. En fin de compte, elles n'ont ni l'agilité des petits, ni l'impact
des grands.

Vous connaissez sûrement le dicton : « Le chiffre d'affaire, c'est de
la vanité. Le profit, c'est du bon sens ». Je pense souvent à cette
phrase quand je participe à des présentations d'entreprises où le
chiffre d'affaire augmente d'année en année. A quoi bon ? Je suis
bien plus intéressé par les chiffres de résultats qui se cachent
derrière. Certains sont obsédés par le chiffre d'affaire et oublient
tout de la rentabilité.

Personnellement, je préfère avoir une entreprise avec £10 millions
de chiffre d'affaire et 15% de profit net, plutôt qu'une entreprise plus
grosse avec £20 millions de chiffre d'affaires et 5% de profits nets.
Et vous ? Dans certains secteurs, il est très facile d'augmenter son
chiffre d'affaire sans augmenter les marges de profits ou même les
profits nets. Par exemple, les agences de publicité peuvent dépenser
le budget des clients sur des créneaux de publicité à la télévision,

ce qui va accroître énormément le montant d'argent qui passe par l'entreprise. Mais ils en gardent très peu. Un directeur général m'en parla un jour lors d'une consultation. Il lui semblait qu'un énorme torrent d'argent passait devant son entreprise comme une grande cascade, et que son but était d'en attraper quelques gouttes pour son entreprise.

Alors soyons clairs sur ce dont on parle quand on parle de croissance. Comme le demanda le gourou du management Charles Handy : « Comment la notion de croissance s'applique-t'elle à l'orchestre symphonique de Londres ? » Est ce que la croissance veut dire engager plus de violonistes ou de violoncellistes ? Ou, plus justement, est-ce que la croissance veut dire accroître la qualité de leurs musiciens et de leurs performances, afin qu'ils puissent attirer les meilleurs chefs d'orchestres du monde, recevoir des commissions pour organiser des concerts et des enregistrements de renommée mondiale, augmenter la valeur de leur marque, accroître leur reconnaissance et donc leur capacité à générer un revenu ?

De la même manière, nous devons être clairs au sein de notre entreprise sur ce que croître veut dire exactement pour nous. A l'inverse des autres consultants en management qui voient la croissance en terme de taille, employer plus de salariés et avoir des bureaux plus grands, mon ambition personnelle de croissance n'est pas d'avoir plus d'employés. Ce qui m'intéresse, c'est d'accroître mes connaissances, ma réputation, et ma dimension internationale. Je veux augmenter l'impact de mes projets de conseil et de mes programmes de formations. Je veux développer le marché pour mes livres. Je veux avoir plus d'impact auprès des entrepreneurs que j'aide à réussir. Et par conséquent, mon revenu augmente.

Vous pouvez continuer à augmenter vos profits, parfois beaucoup, en choisissant la bonne stratégie. Cela peut vouloir dire en se spécialisant, en se concentrant sur certains marchés particulièrement lucratifs, ou en créant des partenariats. En fin de compte, la croissance n'est pas que la taille de l'entreprise en termes d'employés, ou même en termes de chiffre d'affaires.

Points Clés

Le mauvais type de croissance peut vous amener vers un échec commercial. Ne vous laissez pas porter par la croissance. Décidez exactement quels aspects de votre entreprise vous souhaitez croître.

A vous de jouer

• Passez en revue vos plans de développement et identifiez ce que vous voulez développer.

• Faites une liste des choses que vous voulez accroître dans votre entreprise, en y attribuant des cibles et des échéances.

Voir aussi

Vous pouvez vous faire plaisir en bâtissant une entreprise sur vos valeurs et vos passions, en suivant votre propre définition du succès.

Ce n'est pas seulement bon pour vous, c'est aussi bon commercialement.

Intégrez vos valeurs dans votre stratégie, cela permet de créer de l'harmonie et de l'énergie qui propulsent l'entreprise.

Dites « Non » aux choses qui peuvent perturber cette harmonie et bloquer cette énergie positive.

Développez votre entreprise en faisant croître les bonnes choses, de la bonne façon

Et développez-vous en accord seulement avec la bonne cible.

CHAPITRE 4 :

Choisir la bonne cible :
Pourquoi ne faut-il pas essayer de vendre à tout le monde

Certains clients sont plus importants que d'autres. Mais tous les clients ne sont pas de bons clients. Un mauvais client peut vous faire perdre votre temps et générer du stress. Il s'agit de trouver les bonnes cibles et d'abandonner les mauvaises. Sans perdre de temps.

En marketing, il est aussi important de garder les meilleurs clients, pas seulement de gagner de nouveaux. Choisir la bonne cible est une question de qualité, tout autant que de quantité.

Votre client idéal peut ne pas être celui qui est proche de vous. Pensez de manière mondiale et soyez prêts à travailler à l'international. Exporter n'est pas seulement pour les grandes entreprises.

20- Tous les clients ne sont pas de bons clients !

Certains clients peuvent être mauvais pour tout un tas de raison. Ils peuvent ne pas être rentables, ou vous causer des soucis. Ils peuvent vous faire perdre votre temps, ou vous occasionner du stress. Certains interfèrent trop. D'autres sont trop petits pour les compter comme de vrais clients. D'autres paient en retard, ou jamais.

Certains clients apportent des ennuis avant tout. Avec le temps, et l'expérience, on apprend à les reconnaître dès le début et on les évite. Mais on ne peut les éviter que quand on a le choix. Les entreprises en difficulté financière n'ont pas cette flexibilité et sont forcées de prendre tout type de clients, même les mauvais. Je ne veux pas que ce genre de choses arrive à mes clients, donc j'essaie d'organiser avec eux leur entreprise d'une meilleure manière. On peut alors se permettre de dire « Non » au mauvais type de clients car on a un choix abondant de bons. C'est la situation idéale, mais cela demande du travail. Ce n'est pas seulement de l'effort et de la persévérance, cela veut aussi dire travailler intelligemment. Il nous faut penser stratégiquement à notre entreprise, à sa formule commerciale et choisir soigneusement ses segments de marchés.

N'acceptez pas n'importe quels clients !

Il faut savoir dire « Non » au mauvais type de clients – ceux que l'on n'aura pas été chercher nous-même. Cela crée de la place pour le bon type de clients. On peut ensuite se concentrer sur ceux qui sont rentables et agréable à livrer : des clients et des projets qui sont un atout pour notre portfolio et améliorent notre réputation. Si on arrive à ce stade-là, les choses iront de mieux en mieux. Dans cette spirale ascendante, vos profits, réputation et satisfaction personnelle se renforcent mutuellement. Mais il nous faut avant cela éviter le scénario contraire : la spirale descendante. Elle apparaît quand une entreprise a tellement désespérément besoin de clients qu'elle traite avec n'importe qui avec un chéquier.

Les entreprises dans cette position feraient tout pour des rentrées d'argent et ne peuvent pas se permettre de dire « Non ». Elles acceptent donc de travailler avec des clients qu'ils ne peuvent satisfaire. Ils acceptent un contrat même si ce n'est pas rentable- et donc l'entreprise perd encore plus d'argent. Et ils produisent alors peut-être un travail médiocre, ce qui fait du tort à leur réputation.

Pour moi, ces entreprises ont une mauvaise formule commerciale, et une stratégie marketing inefficace. Parfois, la raison est qu'ils mènent la bataille sur les prix et offrent les mêmes produits et services que leurs concurrents. Ils n'ont pas de spécialité, ils ne peuvent dominer aucune niche. Ils sont en chute libre. La seule façon de s'en sortir est de trouver ce qu'ils peuvent offrir qui est différent de leurs concurrents. Ils doivent se concentrer sur des segments de marchés qui attachent de la valeur à leur spécialité – et créer une stratégie marketing basée sur un avantage concurrentiel. Sans ça, l'entreprise périclitera.

Je comprends bien que dans les premiers temps, les entrepreneurs peuvent se trouver dans une situation difficile où l'entreprise n'a pas encore une réputation et les fonds sont bas. Ils ont besoin de concevoir une stratégie, en utilisant un mélange de pensée stratégique et tactique rapidement. Cette période difficile peut être vue comme une phase d'étude de marché. La plupart des entreprises prospères se souviennent de cette période comme d'une phase où ils apprenaient très rapidement comment survivre. Ils découvraient comment jouer le jeu. Grâce à ces leçons, ils développèrent une stratégie d'entreprise. Malheureusement, pour certains, c'était une période très stressante qui se conclut par un dépôt de bilan.

Un mauvais client n'est pas une mauvaise personne ; ils ne sont tout simplement pas le bon type de clients pour notre entreprise car ils ne correspondent pas à notre stratégie marketing. Nul besoin d'être impoli en refusant le mauvais client. Il est possible qu'ils soient exactement le bon type de clients pour une autre entreprise qui a une stratégie différente. En les recommandant à une autre entreprise mieux équipée pour les servir, nous pouvons nous faire des amis des deux côtés.

Pour une entreprise, le marketing stratégique fait la différence entre échec et succès. Ce n'est pas une question de persévérance, de créativité ou de talent en marketing opérationnel. Sans une stratégie marketing efficace, l'entreprise va droit à sa perte.

Points Clés

Les mauvais clients font du tort à votre entreprise en ne vous payant pas assez, en retard ou pas du tout. Les mauvais client vous font aussi perdre votre temps ou vous occasionnent du stress. Il faut rapidement trouver ses bons clients pour pouvoir se débarrasser des mauvais. Trouver les bons clients est une conséquence directe de votre formule commerciale et de votre stratégie marketing.

A vous de jouer

• Pensez aux clients qui, dans le passé, n'ont pas été rentables et analysez les circonstances à l'époque. Aviez-vous besoin d'argent ? Essayez-vous de faire concurrence sur le prix plutôt que sur une spécialité ? Décidez de ce dont vous avez besoin pour pouvoir à l'avenir dire « Non » à ces mauvais clients.

• Faites une liste de cinq projets ou clients qui ne sont pas rentables pour vous. Ecrivez ce qui s'est passé avec chacun d'entre eux pour pouvoir éviter ce genre de problèmes dans le futur.

Voir aussi

21- De combien de clients avez-vous besoin?

La plupart des efforts du marketing opérationnel sont concentrés sur l'acquisition de nouveaux clients. Mais il est important de se poser la question suivante : de combien de clients avons-nous besoin ?

La réponse automatique de mes clients semble être « autant que possible ». Ils pensent que c'est une question stupide, mais je suis sérieux. Selon la nature de votre activité, il se peut que vous n'ayez besoin que d'une dizaine de clients qui font appel à vous, année après année. A l'opposé, certaines entreprises ont besoin de plusieurs milliers, sinon des millions de clients qui achètent leurs produits chaque année. La plupart des entreprises ne sont ni l'un, ni l'autre.

Donc, de combien de clients votre entreprise a-t-elle besoin ?

Kevin Kelly a écrit un article intitulé « 1,000 vrais fans »[10], où il avance la thèse que la plupart des artistes et des musiciens peuvent fonder une entreprise rentable sur seulement 1,000 fans. Mais il est crucial qu'ils soient de vrais fans. Ce sont des gens qui les suivent loyalement. Ils sont prêts à payer pour télécharger un titre en mp3, mais veulent aussi venir voir les concerts, acheter du merchandising, des CD en éditions limitées, etc. Ce sont des super fans.

Se concentrer sur un nombre relativement petit de très bons clients peut être une stratégie très efficace. Cette approche peut être bien meilleure que d'essayer de cibler des centaines de milliers de clients indifférents.

La question du nombre optimal de clients nous amène au sujet de la « valeur nette du client ». La valeur nette du client mesure son potentiel de réachat et le revenu prévu pour chaque client sur une longue période. On dit que c'est cinq fois plus facile et plus rentable de gagner un nouveau contrat chez un client acquis, que de gagner un nouveau client. Je ne sais pas pourquoi le chiffre est fixé à cinq,

---

10 http://blog.davidparrish.com/tshirts_and_suits/2008/03/1000-true-fans.html

à mon avis cela peut être bien plus que ça. Mais c'est une bonne règle à retenir.

Lors de mes consultations, j'invite mes clients à considérer le potentiel pour gagner plus de contrats avec leurs clients actuels et passés. Ils ne s'y attendent en général pas du tout. Ils pensent que le marketing ne s'occupe que de gagner de nouveaux clients. Mais il est aussi important de garder les clients existants. Il s'agit de vendre plus à sa base de clients, et de gagner des contrats à répétition. Il faut apporter de la valeur aux clients qui nous connaissent déjà, nous aiment déjà et nous font déjà confiance. Garder un très bon client, c'est aussi du marketing. Ce n'est pas de la triche- faire du marketing ne veut pas simplement dire gagner de nouveaux clients.

Je me souviens d'une fois où je me suis laissé séduire par le fait de gagner un nouveau client au lieu de chercher du travail auprès de mes clients existants. Il y a plusieurs années, je reçu un courrier électronique de Singapour m'invitant à venir donner une formation sur la stratégie de gestion du changement. C'était inattendu et très agréable, et me fit réaliser qu'il y avait peut-être d'autres clients potentiels dans des contrées exotiques. Je décidais de poursuivre le contact et d'approcher d'autres nouveaux clients potentiels dans différents pays. C'était très excitant et amusant d'anticiper tous ces contrats internationaux. En fait, au même moment, un de mes clients importants était sur le point d'investir dans de nouveaux projets que je pouvais fournir, formation de groupe et conseil en face-à-face inclus. Mais j'étais bien trop préoccupé à regarder ailleurs pour voir ça. J'étais littéralement occupé à scruter les rivages lointains d'îles exotiques, alors qu'un bon client était en train de me taper sur l'épaule avec une liasse de billet à la main. Je le repoussais car j'étais complètement enchanté par la possibilité de travailler à l'étranger. Je me repris à temps, heureusement, et je remportais le contrat avec ce client existant. Et plus tard, j'eus également la chance de travailler dans des pays exotiques.

Trouver le bon client est une question de qualité, tout autant que de quantité. Les très bons clients peuvent être rentables pendant plusieurs années. De combien de clients avez-vous besoin ?

Points Clés

Le marketing veut dire garder les bons clients, pas seulement en gagner de nouveaux. Pensez à la valeur totale du client dans la durée, pas seulement au nombre de clients. Choisir les bons clients est une question de quantité mais aussi de qualité.

A vous de jouer

*   Faites une liste de vos clients et de ce que vous leur avez vendu jusqu'à présent. Classez-les par ordre de valeur totale estimée. Donnez la priorité aux quelques clients qui sont importants pour vous, pas à la masse.

*   A partir de ce processus, sélectionnez un petit nombre de clients auprès de qui vous allez essayer de gagner plus de contrats. Donnez-leur la priorité au lieu d'essayer de gagner de nouveaux clients.

Voir aussi

22- Les choses les plus importantes

Certains clients sont plus importants que d'autres. En fait, un petit nombre de vos clients sont probablement plus importants pour vous que tout le reste réuni. Ce déséquilibre est au cœur de ce sujet. Toutes les choses ne sont pas égales- certaines sont importantes et la majorité ne l'est pas. Cela est valable pour les clients, les produits, les réseaux de distribution, les employés, les fournisseurs... Dans chaque catégorie, un petit nombre est plus important que les autres.

On se réfère souvent à l'analyse de Pareto pour parler de la règle du 80/20. Il s'agit du ratio où 80% des résultats viennent de 20% des ressources. Par exemple, 80% des ventes proviennent de 20% des clients ; ou 80% des profits proviennent de 20% des produits. 80/20 est une proportion facile à retenir, mais ce déséquilibre peut être bien plus prononcé que ça, selon mon expérience. Il est possible que 98% des profits viennent de 4% des clients. Le point principal de cette analyse est que toutes les choses ne sont pas égales : certaines sont plus importantes que d'autres. Une fois que ce fait est reconnu, nous pouvons concentrer nos efforts sur les choses les plus importantes. Par exemple, les clients les plus importants, le produits les plus populaires ou les marchés les plus lucratifs.

On a tendance à vouloir égaliser les choses afin que l'entreprise ne soit pas si dépendante d'un petit nombre de clients. C'est angoissant d'avoir tous ses œufs dans le même panier. Il serait plus confortable que le business soit réparti entre plusieurs clients au lieu d'être dépendant de quelques-uns. Mais les choses ne fonctionnent pas comme ça : le fait est qu'elles ne sont pas égales en réalité. Vous pouvez l'accepter ou le refuser. Seulement un petit nombre est important pour une certaine raison, utilisez ce fait à votre avantage.

Au lieu de cibler tous vos clients avec vos communications marketing, nous pouvons nous concentrer sur les quelques clients les plus importants. Cela vaut la peine de traiter ces clients séparément, et de leur offrir un message marketing spécifique. En fait, pour les clients les plus importants, vous pourriez dire quelque chose de vraiment spécial car ils en valent la peine.

Et ne vous arrêtez pas à leur dire des choses spéciales ; FAITES des choses spéciales pour eux. En fait, bâtissez votre business autour de ces clients importants. Ils vont vous adorer. Les clients les plus importants sont au cœur de votre entreprise et en sont le succès.

Points Clés

Tous les clients ne sont pas égaux. Certains sont plus importants que d'autres. Reconnaissez cette évidence et allouez vos ressources de manière adéquate.

Faites une liste de vos clients les plus spéciaux et traitez-les de manière privilégiée.

A vous de jouer.

• Faites une analyse de vos clients par ordre d'importance. Et concentrez vos attentions sur les plus importants. Analysez aussi quels sont les produits, les projets ou les fournisseurs les plus importants pour vous.

Voir aussi

23- Tout est dans l'emplacement

Quand j'étais le directeur général d'une entreprise de distribution et de marketing spécialisée dans les livres de littérature, nous avions développé l'entreprise à international car les maisons d'édition que nous cherchions à atteindre étaient situées dans le monde entier et pas seulement au Royaume Uni. Cela pouvait paraître ambitieux qu'une petite entreprise britannique traite avec les États Unis et l 'Europe, mais c'était là qu'étaient nos fournisseurs et nos clients.

Mes clients développent eux aussi leur activité à l'international en recherchant le bon type de clients pour leurs activités spécialisées. Par exemple, une entreprise cinématographique de Liverpool gagna un contrat en Australie. D'un jour à l'autre, il ne s'agissait plus seulement de travailler avec des clients dans leur région. Cette expérience fût un tournant qui changea complètement leur perception de leur entreprise, et ses ambitions.

Nombre d'autres entreprises que j'ai conseillées se sont développées de cette manière, en particulier dans les secteurs du Design, des medias et des nouvelles technologies. Ils ont des clients rentables dans plus d'un pays. Ils vendent leur services ou produits spécialisés à des clients qui recherchent cette spécialité. Ils ne compromettent pas cette expertise pour vendre aux clients les plus proches.

De la même manière, ma petite entreprise de conseil et de formation a travaillé avec des clients dans plus de trente pays sur les cinq continents. C'est parce que la demande pour mon type de conseil spécialisé en marketing et en management est mondiale, pas locale.

Les bons clients ne se trouvent peut être pas où il faudrait. La plupart des entreprises assument qu'il leur faut s'établir sur le marché local. Et ensuite, en grandissant, s'étendre géographiquement sur la région ou le pays. Ensuite, quand ils ont grandi en taille et sont bien établis, ils peuvent se lancer dans le commerce international. Cette façon de penser est bien classique et se retrouve dans les livres. Mais elle est contraire à mon expérience des entreprises créatives et digitales, où qu'elles soient.

Chaque entreprise est différente, bien sûr, mais la plupart ne suivent pas ce schéma. Et ce n'est pas non plus mon expérience personnelle en tant qu'entrepreneur.

Vous n'avez pas besoin d'être une grande corporation pour travailler à l'internationale. Il s'agit de trouver votre cible idéale, ou qu'elle soit. Ne vous restreignez pas à un seul marché géographique et à des clients qui ne sont pas parfaits.

Pour moi, Copenhague était l'endroit idéal quand je suis intervenu à la finale internationale de la « Creative Business Cup »[11]. C'est parce que l'assistance correspondait exactement à mon marché cible : des entreprises créatives et numériques du monde entier, avec les agences spécialisées qui les aident.

Le marketing ne vous demande pas de forcer les mauvais clients à aimer ce que vous faites parce qu'ils sont proches de vous. Il s'agit d'aller trouver ceux qui adorent ce que vous faites- où qu'ils soient.

Points Clés

Vous clients idéaux ne sont peut-être pas vos clients locaux. Pensez de manière mondiale et soyez prêt à travailler avec l'étranger dès le début. L'export n'est pas seulement pour les grosses entreprises.

A vous de jouer

• Réfléchissez à où sont situés les clients idéaux pour votre entreprise. Arrêtez d'essayer de convaincre les mauvais clients car ils sont faciles à trouver

Voir aussi

---

11 www.tss-creativebusinesscup.com

24- Un marketing de niche, pas de masse

Chris Anderson, l'auteur du livre « The Long Tail » argumente qu'il n'est plus approprié de parler de marché de masse, mais d'un marché de niches. Je pense qu'il a tout à fait raison. Les consommateurs ont plus de choix que jamais. Les produits peuvent être différenciés à l'infini. Le digital commence à l'emporter sur le physique. Nous devons accepter la validité de son analyse et reconnaître ce marché de niches. Pour moi, c'est une proposition très intéressante car chaque entrepreneur peut dominer sa niche.

Cela veut dire que même une très petite entreprise peut être « un gros poisson dans une petite mare ». Ou plus précisément, que même un petit poisson peut être le plus gros dans une mare minuscule. Il se peut même que vous ayez un monopole dans cette toute petite mare, ce qui est une très bonne position du point de vue de la relation de l'offre et de la demande entre le client et vous, et donc du prix.

Quand je discute de ce sujet avec les entrepreneurs, certains me disent qu'il n'y a pas beaucoup de clients dans une petite mare. Mais il y en a peut-être assez pour vous apporter le succès que vous recherchez. On en revient à la question : de combien de client avez-vous besoin ?

Les techniques du marketing de masse peuvent être très attirantes. La presse, les livres de management ou notre propre expérience de consommateur nous fournissent de nombreux exemples de marketing de masse. Cependant, il faut prendre garde de ne pas se laisser séduire par ces techniques de marketing de masse, surtout si nous sommes à la tête d'entreprises de petite ou de moyenne taille. Ces techniques ne sont probablement pas appropriées. Il faut vraiment penser de manière indépendante à la meilleure stratégie pour votre entreprise, plutôt que de copier des techniques qui ne sont pas appropriées.

Pour être efficace, le marketing doit être précis. *Le marketing stratégique vous aide à découvrir quel est le client précis que vous pouvez servir de manière rentable.* Les communications marketing peuvent être adaptées aux cibles spécifiques. Choisissez vos cibles soigneusement. Pensez qualité, pas quantité. Approchez le bon type de client de manière ciblée, au lieu de viser large pour trouver de nouveaux clients.

Points Clés

Les produits sont de plus en plus différentiés et les clients ont énormément de choix. Nous devons donc envisager le marché comme une masse de niches. Choisissez votre niche et dominez-la.

A vous de jouer

• Évitez la tentation de voir large et de cibler plusieurs niches en même temps. Soyez plus précis. Trouvez les niches que vous pouvez dominer.

• Identifiez une niche où vous pouvez devenir le fournisseur préféré des clients.

Voir aussi

25- Pourquoi perdez-vous votre temps à "renforcer votre image" ?

Surtout, ne me dites pas que vous êtes en train de « renforcer votre image » car pour moi, vous êtes juste en train de disséminer de l'information sur votre entreprise aux quatre vents. Cela veut dire que vous n'avez pas de stratégie marketing. Et pour moi, cela indique aussi que vous n'avez aucune idée des avantages concurrentiels que vous possédez, ou de qui est votre client idéal. C'est pour cela que vous perdez du temps à faire de la publicité, à commander des stylos ciglés, à écrire votre nom sur votre voiture ou quelque autres techniques utilisées dans le seul but que les gens voient le nom et deviennent par magie des clients. Cela n'a ni queue ni tête. Et ce n'est ni ambitieux ni bien intelligent ! Ca y est, j'ai fini ma tirade !

A l'inverse, soyez ciblés.

Georges était un architecte qui avait besoin de plus de clients. Il avait dépensé beaucoup d'argent à faire la promotion de son entreprise de manière générale, sans cibler un client particulier. Il avait par exemple acheté des stylos promotionnels personnalisés qu'il distribuait un peu partout, il avait fait faire des parapluies avec son logo, et avait fait inscrire le nom de son entreprise sur sa voiture. Ses voisins l'avait bien remarqué, mais aucun nouveau client apparu. Je lui demandais s'il envisagerait de payer une commission à un agent s'il lui faisait gagner un contrat lucratif avec un client idéal. Il dit oui. Je lui suggérais donc d'arrêter de dépenser son argent avec des artifices promotionnels, et d'investir dans une approche ciblée d'un client idéal. Il fit comme conseillé et gagna un contrat.

Tous les clients ne sont pas de bons clients. Identifiez votre cible idéale et utilisez vos ressources limitées à des démarches de qualité vers un plus petit nombre de clients. Ciblez votre approche. N'oubliez pas vos clients actuels et passés dans votre empressement de trouver de nouveaux contrats. Et comment savoir lesquels sont vos clients idéaux ? Pour que cela soit clair, il faut y réfléchir comme il faut. Pensez à votre position dans le marché, à vos concurrents, comment utiliser votre avantage comparatif pour dépasser vos rivaux. Trouvez les clients qui veulent ce que seule votre entreprise peut offrir. En d'autres mots, concentrez-vous sur votre marketing stratégique. Arrêtez de trouver des choses à faire, arrêtez d'essayer de plaire à tout le monde. Asseyez- vous quelque part et réfléchissez.

Points Clés

« Renforcer votre image » veut simplement dire que vos communications marketing sont générales et vagues, parce que votre entreprise n'a pas identifié les marchés précis à cibler.

A vous de jouer

* Si vous-même ou un collègue vous retrouvez à suggérer des activités pour « renforcer votre image » ou « augmenter votre profil », demandez-vous : selon notre stratégie marketing, quel est le client précis auprès duquel nous devrions renforcer notre image ? Si vous ne savez répondre à cette question, c'est sûrement parce que vous n'avez pas de stratégie marketing. Créez-en une.

* Faites-vous la promesse de toujours communiquer avec des clients cibles, pas avec le marché en général.

Voir aussi

On a plus de temps pour les bons clients une fois qu'on a laissé tomber les mauvais.

Il est plus facile de garder un client que d'en gagner un nouveau, donc traitez correctement vos clients existants, créez de meilleurs produits et augmentez leur panier d'achat.

Et ce qui est encore mieux : les clients qui apportent de la valeur à vos produits paieront le bon prix...

Le Mix Tarifaire :
Comment choisir le bon prix

Fixer un prix pour un produit ou un service met en jeu deux dynamiques : une transaction économique et une déclaration de valeur. Le prix influence la perception que les clients se font de l'entreprise et de la qualité du produit. Un prix élevé rassure les clients sur la qualité et peut même parfois faire augmenter les ventes.

Si vous vous retrouvez à baisser les prix ou à changer votre produit pour faire comme vos concurrents, vous vous concentrez sur le mauvais type de client. Il vous faut au contraire trouver les bons clients, ceux qui vont payer le prix pour ce que vous, et personne d'autre, pouvez offrir. Nous devons concentrer nos efforts commerciaux sur ce que nous pouvons offrir de mieux que nos concurrents. Cela nous permettra d'augmenter nos prix, si on a trouvé le bon type de clients.

On ne peut fixer un prix correctement que lorsqu'on a complètement compris la valeur qu'apportent nos produits ou nos services aux clients.

26- Augmentez vos prix afin de perdre des clients

Je vous suggère tout simplement d'augmenter fortement vos prix et, avec un peu de chance, vous perdrez des clients !

Et c'est exactement ce que nous voulons. Car les clients que vous perdrez ne sont pas là pour vous mais pour vos prix bas. Ceux que vous ne perdrez pas sont ceux qui veulent vraiment traiter avec vous, parce que vous êtes meilleurs que les autres alternatives du marché. En d'autres termes, vous retenez les clients grâce à votre avantage concurrentiel. Ils vous apprécient car vous êtes différent.

Il vous faut décider de votre politique tarifaire au même moment que votre cible. En augmentant vos prix, vous pourrez dissuader le mauvais type de client ; ce qui est déjà la moitié du travail. Augmenter vos prix vous forcera à trouver la bonne cible. En fait, augmenter vos prix vous force à prendre des décisions stratégiques.

Quand je travaille comme consultant en management avec mes clients, je leur demande de travailler sur le scénario suivant pour les aider à créer une stratégie marketing efficace et rentable. Je joue le rôle du nouveau propriétaire de l'entreprise, et je leur indique qu'à partir de maintenant, ils doivent tripler leurs prix. Ceci est un ordre, pas une suggestion. La première réaction de la plupart des clients est de paniquer- ils savent qu'ils vont perdre un bon nombre de clients et ne savent pas comment en gagner de nouveaux avec ces prix. Prétendant encore une fois être un patron complètement dictatorial, je leur ordonne de revenir dans trois semaines avec de nouveaux clients, achetant au nouveau prix. L'entreprise est maintenant forcée de se différencier de sa concurrence, de faire jouer sa force pour découvrir quelles sont les niches du marché sur lesquelles elle peut avoir un monopole presque complet et d'éviter les produits et services que ses concurrents peuvent aussi offrir. Cela force l'entreprise à identifier son avantage concurrentiel et à trouver les clients qui veulent cette offre unique.

Souvent, quand j'impose cette augmentation de prix, mon client réagit en disant : « personne ne paiera ça par ici ! ».

Et ma réponse est bien sûr : « Alors ne vendez pas aux clients du coin ! ». Il se peut que le meilleur marché possible pour vos produits ne soit pas le marché local. Il faut arrêter de croire que notre clientèle actuelle est la bonne.

Ils me disent aussi qu'avec un prix plus élevé, les ventes vont s'effondrer. Je leur réponds que ce n'est pas un problème, on n'a pas besoin de vendre autant avec un prix plus élevé. Peut-être peut-on générer plus de marge avec moins de ventes à un prix supérieur. Ceci provoque des questions sur la rentabilité de l'entreprise.

En imposant un prix de cette manière, il est important que l'équipe dirigeante se penche sur la question de la concurrence. Il leur faut trouver leur avantage concurrentiel que les autres ne peuvent offrir pour justifier un prix plus élevé. Vous devez faire en sorte d'être différent pour que les clients apprécient. Il vous faut donc vous distinguer de la foule et trouver les clients qui attachent de l'importance à cette différence.

Si, après maintes considérations et assez de recherches, nous ne pouvons pas trouver une solution qui justifierait un prix plus élevé, la capacité de l 'entreprise devra être remise en cause. Il se peut que nous vendions une matière première qui ne nous permet pas de nous différencier de nos concurrents. Nous sommes donc condamnés à faire concurrence sur les prix. La seule manière de continuer est alors de faire baisser les coûts de production, de garder les prix aussi bas que possible et d'augmenter les ventes pour compenser cette perte de marge. On peut faire concurrence sur le prix de cette manière, mais ce n'est pas idéal.

D'un autre côté, si nous pouvons identifier un service ou un produit sur lequel nous excellons par rapport à la concurrence, et nous différencier d'une manière appréciée et reconnue par le client, alors nous avons trouvé notre avantage comparatif. La prochaine étape est de trouver les bons clients qui ont besoin de, ou veulent, ce service dans lequel nous excellons.

Alors, augmentez vos prix, car cela dissuadera le mauvais type de clients. Cela ne dissuadera pas les clients qui veulent vraiment ce que vous seul pouvez offrir. Ce changement de prix influencera votre positionnement et la perception des clients. Cela peut être une opportunité de redéfinir votre communication Marketing, ou même de repenser votre entreprise de manière fondamentale.

Une mise en garde cependant ! Il est possible que vous ne puissiez pas augmenter vos prix à cause de contrats déjà en cours, ou parce que cela tournerait des clients fidèles contre vous. Dans ce cas là, la nouvelle politique tarifaire devra être restreinte aux nouveaux clients.

La notion du mix tarifaire est un sujet clé de la stratégie marketing de l'entreprise ; l'avantage concurrentiel par rapport à ses concurrents, la solidité de sa base de clients.

Mon jeu précédemment évoqué d'imposition d'une hausse de prix, permet de construire la formule commerciale unique de l'entreprise. Cette formule commerciale est basée sur la réponse à ces deux questions :

- En quoi pouvons nous exceller par rapport à la concurrence

- Qui sont les clients qui veulent les produits ou les services où nous excellons.

Points Clés :

Une hausse des prix imposée voudrait dire perdre des clients-mais seulement ceux qui vont aller vers les concurrents moins chers. Il vous faut concentrer votre entreprise sur ce que vous pouvez faire, et que vos concurrents ne peuvent faire, pour pouvoir augmenter vos prix- avec la bonne cible de clients.

A vous de jouer

- Pensez à ce que vous feriez si un patron dictatorial insistait sur le fait de tripler vos prix. Quels sont les clients que vous perdriez ou garderiez? Quel est votre avantage concurrentiel? En quoi pouvez vous exceller par rapport à la concurrence ? Qui sont les clients qui veulent ce en quoi vous êtes si bon ?

- Faites une liste des clients actuels et potentiels qui seraient disposés à payer plus pour votre spécialité.

Voir aussi

27- Vous n'avez pas besoin de vendre à bas prix, ou de vous vendre

Lisa est une créatrice de mode en Norvège qui se plaignait que le seul moyen pour elle de gagner sa vie était, soit de baisser ses prix, soit de créer des choses plus ordinaires qui ne la passionnait pas. Elle se sentait bloquée et avait décidé qu'il n'y avait que deux solutions : Vendre à bas prix ou se vendre.

C'est parce qu'elle était en contact avec la mauvaise cible. Ces mauvais clients sont souvent ceux qui ne sont pas loin. La solution à son problème était de trouver de nouveaux clients qui voulaient ce qu'elle seule pouvait offrir et étaient prêts à payer le prix. Ces clients ne sont peut être pas dans votre région, mais en arrêtant de penser que nous devons vendre localement, nous pouvons gagner sur les deux tableaux. Nous pouvons trouver des clients qui veulent nos talents non édulcorés, et qui sont prêts à payer le prix fort.

En choisissant la mauvaise cible, vous finirez toujours par vendre moins cher, ou par vendre votre âme.

Souvent, les problèmes que mes clients me présentent comme un problème de prix ou de rentabilité sont en fait des problèmes de marketing stratégique. Certains clients n'apportent pas assez de valeur à ce que vous pouvez offrir. D'autres ne veulent pas la totalité de votre expertise ou de vos produits, juste une partie. Et par conséquent, ils ne veulent pas payer le prix complet. Et en effet, pourquoi devraient-ils ? Ils peuvent sûrement trouver ces éléments autre part. Ces clients ne vous correspondent pas complètement. Ils peuvent comparer les prix et choisir un concurrent qui leur donne ce qu'ils veulent. Ils veulent un prix réduit car ils savent qu'ils peuvent trouver la même chose ailleurs. Ne baissez pas vos prix pour convaincre ces clients car ils ne sont pas de bons clients. C'est de cette manière que le manque de stratégie marketing peut vous amener à vendre à bas prix.

Pour ce qui est de se vendre, cela arrive quand une entreprise répond aux besoins du mauvais type de clients. Après les avoir écouté, ils changent leurs services ou leurs produits, et entrent dans la zone sensible où leurs concurrents dominent. C'est la mauvaise direction. Au lieu de ça, nous devons rester sur le terrain où nous pouvons dominer, et non nous aventurer sur le territoire des concurrents. Il nous faut trouver notre niche. C'est là que la bonne cible se trouve.

C'est un autre exemple expliquant comment le marketing stratégique remporte la mise sur le marketing opérationnel.

Au lieu d'utiliser des techniques opérationnelles pour augmenter les prix ou convaincre le mauvais type de client d'acheter au bon prix, prenons une vue d'ensemble. Le marketing stratégique propose une vision complète de l'entreprise. Cela peut vouloir dire changer complètement votre base de clientèle.

Points Clés

Si vous vous retrouvez à baisser vos prix ou à changer votre produit pour qu'il ressemble à celui de la concurrence, vous êtes probablement en train de traiter avec le mauvais type de clients. Au lieu de ça, trouvez la bonne cible qui sera prête à payer le prix fort pour ce que vous seul pouvez faire.

A vous de jouer

• Reconnaissez que, quand on vous demande de baisser vos prix, cela indique un problème de stratégie marketing. Cela veut dire que, soit vous traitez avec les mauvais clients, ou que votre produit est trop générique. Au contraire, concentrez-vous sur ce en quoi vous excellez et attachez vous à trouver les bons clients.

• Quand on vous demande de baisser vos prix, acceptez le fait que c'est peut être votre choix de client, plutôt que votre produit, qui est le problème.

Voir aussi

28- Comprendre vos avantages pour facturer d'avantage

Pour pouvoir augmenter vos prix, mettez vous à la place du client. Comprendre les avantages que vous apportez aux clients peut vous rapporter beaucoup. En reconnaissant la vraie valeur de votre offre, vous pouvez facturer le client de manière adéquate.

En vérité, un prix élevé peut même faire partie de l'attraction pour un service ou un produit. Un des avantages à avoir une Rolls Royce, c'est que tout le monde sait qu'elles sont très chères. Donc avoir une Rolls Royce devient un des symboles de votre fortune. La consommation ostentatoire peut avoir des avantages. On peut dire la même chose d'une montre Rolex, un jet privé, certaines marques de vêtements et tout autre produit célèbre parce qu'ils sont chers.

Écoutez vos clients. Comprenez leur point de vue. Découvrez ce à quoi ils attachent de l'importance dans ce que vous offrez. Et utilisez cette information pour fixer vos prix.

Points Clés

Une fois que l'on comprend les avantages qu'apporte notre produit au client, on peut décider de ses prix en pleine conscience.

A vous de jouer

- Écoutez vos clients pour comprendre ce à quoi ils attachent vraiment de l'importance dans votre offre

- Posez-vous la question de savoir si vous avez fixé vos prix assez haut, considérant la valeur de tous les avantages que vos produits apportent aux clients.

- Passez vos prix en revue et considérez comment vous pourriez les augmenter en offrant des avantages supplémentaires (ou que vous fournissez déjà mais ne facturez pas)

Voir aussi

29- Un prix rassurant

Au Royaume-Uni, Stella Artois utilise le slogan "Reassuringly Expensive" ("Un prix rassurant") pour vendre sa bière. J'adore. Ils sont fiers de leur prix. Ils vendent l'avantage d'une bière au prix élevé. Et ils se différencient consciemment des autres marques de bières qui communiquent sur leurs bas prix. Le slogan « Reassuringly Expensive » place cette bière dans la même catégorie que d'autres biens de consommation de luxe. C'est comme dire que Stella Artois est la Rolls Royce des bières.

Malgré la loi de l'offre et de la demande, un prix plus élevé peut faire augmenter les ventes.

Bien sûr, cette logique ne marche pas avec les matières premières ou les biens génériques, car personne ne paiera plus quand la même chose est disponible moins cher quelque part. Mais la plupart des produits et des services ne sont pas des matières premières comme le sucre, l'huile ou le blé. Chaque service ou produit est différent d'une manière ou d'une autre de ses concurrents ou de ses équivalents. Un jeu d'ordinateur n'est pas le même qu'un autre, une agence d'architecte ne propose pas la même chose que les autres sur le marché, chaque performance musicale est unique. Le film fait par un réalisateur va être différent d'un autre film réalisé par quelqu'un d'autre à partir du même scénario. Les clients sont face à un choix complexe et varié. Non seulement le produit ou le service lui-même est différent, mais les éléments intangibles sont aussi différents. Le statut de la marque et la reconnaissance associée à cette marque sont différents. Il y a aussi des différences liées à l'expérience de la vente, et à la sérénité d'avoir « bien choisi ». Il y a beaucoup en jeu quand on parle d'avantages, de perception du client et de politique tarifaire.

Est-ce que vos prix sont alignés à la valeur de la marque véhiculée ? Est ce que vos clients voient vos produits comme une sorte de Rolls Royce, ou comme une épave ?

Il y a énormément de psychologie dans une politique tarifaire. Comme nous l'avons déjà mentionné, un prix plus élevé peut devenir une des raisons d'achat. Un prix élevé peut non seulement être rassurant, mais il peut aussi avoir une valeur sociale. C'est le phénomène de consommation ostentatoire où les moyens de l'acheteur sont véhiculés par ses achats. Le consommateur utilise des biens et des services pour montrer publiquement sa capacité à acheter plus cher que tout le monde.

Il y a une autre technique qui consiste à avoir au moins un produit très cher dans sa gamme de prix. Le but n'est pas nécessairement de vendre ce produit, mais que les autres prix semblent raisonnables par comparaison. Par exemple, une liste de vins au restaurant va souvent inclure une bouteille très chère. Il est bien possible que le restaurant n'ait même pas cette bouteille en cave, mais ce n'est pas l'important. Le rôle de cette bouteille est de faire vendre les autres, et particulièrement les bouteilles les plus chères de la gamme car elle augmente le prix moyen d'une bouteille dans l'esprit du consommateur.

Est-ce que vous voudriez que vos produits soient considérés comme ayant un « prix rassurant » ?

Points Clés

Le prix influence la perception des clients sur votre produit et sa qualité. Un prix élevé peut rassurer les clients sur la qualité et peut augmenter les ventes.

A vous de jouer

- Considérez-vous vous différencier de vos concurrents en ayant des prix élevés. Quels clients seraient rassurés ?

- Passez en revue votre gamme de prix et considérez un prix plus élevé pour tout produit qui bénéficierait d'un « prix rassurant ».

Voir aussi

38- Promouvoir les bénéfices   *116*

30- Aidez vos fournisseurs

Zara avait créé son entreprise de robes de mariées de créateurs. Elle avait trouvé une boutique qui allait stocker ses produits et était toute excitée. Elle me dit aussi que la propriétaire de la boutique avait accepté de prendre une marge plus réduite sur ses robes que sur celles des autres fournisseurs. Zara lui avait expliqué qu'elle ne pouvait offrir une marge importante à la boutique. La commerçante avait accepté de vendre ses robes quand même. Mais cela voulait dire qu'elle avait moins d'incitations à vendre, et qu'elle les mettait moins en avant que les robes d'autres créateurs. Elle ne mettait pas les robes en vitrines, elles étaient au fond de la boutique. Les ventes étaient décevantes.

Mon conseil fût de changer de tactique, et d'augmenter le prix de vente afin que la commerçante fasse une meilleure marge sur les robes de Zara. Il y avait maintenant une incitation financière solide à promouvoir les robes. La commerçante les mit donc en vitrine et les proposa aux clientes comme premier choix.

Quand je dirigeai ma première entreprise, une librairie dans une petite ville, un membre d'un groupe communautaire local vint nous demander de vendre des copies du pamphlet qu'ils avaient produit. Le pamphlet devait se vendre pour £1 et le prix était imprimé sur la couverture. En tant que libraire, je lui demandais quelle réduction l'éditeur allait nous offrir sur le prix public (en ce temps là, les librairies recevaient environ 1/3 de réduction sur le prix de vente). La dame qui vendait les pamphlets me regarda sans comprendre et me demanda de quoi je parlais. Elle me dit qu'ils n'avaient pas publié le livre pour faire de la marge et qu'ils le vendaient au prix de production. Je lui répondis, en essayant de ne pas être trop sarcastique, qu'en règle générale nous vendions les livres plus cher que ce que nous les achetions. Je lui expliquais que la différence entre le prix auquel nous achetons les livres et le prix auquel nous vendons les livres nous permettait de payer le loyer, les autres coûts et nos salaires. Nous n'avions aucun intérêt à stocker ou à vendre ce livre. En fait, nous prîmes la décision de stocker le pamphlet et de ne pas faire d'argent dessus pour supporter le groupe communautaire et leur message. Mais d'autres commerçants ne furent pas aussi compréhensifs. Je lui conseillais de penser aux besoins des détaillants en publiant la prochaine édition.

La question des prix devient plus complexe quand on vend au travers d'intermédiaires distributeurs et/ou grossistes. Il faut faire attention à préserver une politique tarifaire acceptable pour toute la chaine de distribution, ce qui veut dire rentable pour le grossiste et le détaillant de manière à ce qu'ils promeuvent et vendent nos biens. Ces décisions tarifaires auront un effet incitatif ou dissuasif sur les partenaires commerciaux dont nous dépendons pour arriver au client final.

Points Clés

Si nous utilisons des grossistes et détaillants pour vendre nos produits, nous devons nous assurer qu'ils ont une incitation à promouvoir nos produits plutôt que ceux de la concurrence. Le prix et la marge doivent être soigneusement choisis pour chaque maillon de la chaine de distribution.

A vous de jouer

• Recherchez quelles marges et quelles incitations vos concurrents offrent aux distributeurs et aux détaillants. Prenez garde de ne pas vous retrouver avec un désavantage en offrant des prix et des termes moins avantageux pour eux.

Voir aussi

31- Gratis !

La musique du groupe Banda Calypso est copiée sur CD et vendue dans la rue au Brésil. Cela ne leur rapporte rien, mais ils ne s'en inquiètent pas. En fait, ce sont eux qui fournissent ces vendeurs de rue avec des copies de leur CD ! Et ils s'organisent pour que, juste avant leur concert, il y ait plein de musique à vendre dans chaque ville où leur tournée va passer. Pour eux, la copie et la vente au noir de leur musique constituent leur publicité et ils n'ont pas à payer un sou à ces entrepreneurs de rue. Ils ont transformé les pirates en promoteurs. Leurs concerts sont toujours pleins et ils ont gagné assez d'argent pour se payer un jet privé pour partir en tournée.

Timothy Chan, un des hommes les plus riches de Chine, avait un problème avec le piratage. Les copies au noir de ses jeux électroniques étaient vendues partout. Il aurait pu s'épuiser à essayer de les arrêter. Ou il aurait pu ne rien faire et courir droit à sa ruine. Au lieu de ça, il changea son modèle d'entreprise pour que le piratage joue à son avantage. Il décida de gagner son argent sur le prix de la connexion en ligne pour jouer, plutôt que sur la vente de CD. Il modifia le jeu de manière à ce que les gens aient à jouer en ligne, et paient un prix par minute minime. La copie des CD se répandit encore plus, engendrant une nouvelle clientèle. Chaque copie de CD était maintenant au service de son entreprise.

Les entrepreneurs malins voient une opportunité là où les autres ne voient que des menaces. Ils changent leur modèle commercial pour utiliser à leur avantage les nouvelles tendances technologiques, économiques et sociales.

Les entrepreneurs créatifs me demandent souvent comment faire de l'argent sur leur musique ou leurs jeux vidéo quand les fichiers MP3 ou les logiciels sont si faciles à copier. Une des solutions est d'utiliser le fait que les gens copient votre travail pour transformer une menace en opportunité. C'est ironique, mais une remise qui peut être très efficace parfois, c'est 100% du prix. Donner certaines choses gratuitement peut tout à fait faire partie d'une stratégie marketing gagnante.

CHAPITRE 5: LE MIX TARIFAIRE

Dans son livre « Free », Chris Anderson explique 50 stratégies d'entreprise qui impliquent de donner quelque chose gratuitement. On connaît tous des exemples où les entreprises donnent des choses gratuites pour assurer plus de ventes, par exemple les échantillons gratuits ou les produits d'appel. Un exemple classique est le rasoir Gilette, qu'on offre mais dont les lames de remplacement rapportent beaucoup. Les imprimantes domestiques sont presque gratuites, mais la majorité de la marge vient des cartouches que les consommateurs doivent acheter (fréquemment !) pour faire marcher l'imprimante.

Certains des jeux vidéo les plus rentables sont « gratuits », mais génèrent beaucoup d'argent en vendant des ajouts pendant le jeu à quelques super-fans. Nicholas Lovell donne plusieurs exemples de ce genre de stratégies dans son excellent livre « The Curve ».

Donner gratuitement n'est pas une stratégie commerciale en soit, bien sur, mais cela peut faire partie d'une stratégie complète qui est, dans sa totalité, efficace.

Points Clés

Donner des choses gratuitement peut faire partie d'une stratégie marketing rentable.

À vous de jouer

• Penser à ce que vous pourriez donner gratuitement afin d'augmenter la vente d'autres produits pour rendre votre compagnie plus rentable dans son ensemble.

Voir aussi

32- Vos devis peuvent avoir deux prix

La politique de prix est importante car elle signale notre position sur le marché au client. En choisissant un niveau de prix, nous communiquons avec le client. Le prix peut être déterminé de manière interne, pour des raisons économiques. En même temps, notre perspective marketing nous dit que nous devons voir les choses du point de vue du client. Et le client ne voit pas les calculs internes, mais un prix qui est plus haut que le concurrent X et plus bas que le concurrent Y.

En d'autres termes, le client se fait rapidement une opinion sur notre produit grâce aux informations que nous lui donnons à travers notre prix. Cette information nous place, et place nos produits, à un certain niveau par rapport aux alternatives.

Le prix est donc à la fois :

1. Une transaction financière

2. Une déclaration de valeur

La plupart des entreprises débutantes qui n'ont pas encore établi leur réputation- et ont peut-être désespérément besoin de revenus- pensent qu'elles ne peuvent demander un prix élevé. Mais en proposant un prix bas, le signal qu'elles envoient aux clients est que leur produit n'est pas aussi bon que la concurrence. Elles nivellent leur marque vers le bas, et établissent un précèdent qui les empêchera d'augmenter leurs prix dans le futur. Oui, c'est le problème sempiternel de la poule et de l'œuf. Les entreprises ne savent en général pas quoi faire dans cette situation. Mon conseil se base sur le fait que le prix se réfère à deux mécanismes, comme je l'ai expliqué plus tôt. Il s'agit à la fois d'une transaction financière et d'une déclaration de valeur. En reconnaissant ces deux facteurs, nous pouvons développer une stratégie double si nous sommes forcés de vendre à bas prix sur le court terme. Le devis qu'on donne au client peut avoir deux prix- où du moins il peut dire deux choses. Il peut dire que la vraie valeur, par exemple, est de $1,000. Et il peut indiquer qu'il y a une réduction cette fois de 50%, comme geste commercial envers un nouveau client pour un projet particulier. Grâce à cette ristourne, le devis n'est que de $500, et c'est le montant de la transaction financière. Nous devons réussir à dire deux choses sur un devis. Nous avons dit que nous vendons le produit pour $500 cette fois, mais nous avons aussi été clair sur le fait que la valeur est $1,000.

Cela a beaucoup d'avantages.

Tout d'abord, le client se rend compte qu'il a fait une bonne affaire- et tout le monde aime faire une bonne affaire. Ensuite, cela évite que le prix réduit ne devienne le prix normal. Si le client revient vers vous pour un nouvel achat, il ne s'attend pas à ce que le prix soit de nouveau $500, car il sait que ce n'est pas le bon prix. Et s'il a besoin d'être convaincu, on peut lui montrer le devis de départ qui établit le prix à $1,000. Finalement, quand le client nous recommande à ses amis et à ses collègues par le bouche à oreille, on ne veut pas qu'il dise que le prix n'est que $500. Nous voulons qu'il dise qu'il est ravi de notre produit et que la véritable valeur est $1,000. De cette manière, nous pouvons atteindre nos deux objectifs en même temps : une vente et une déclaration de valeur.

C'est une tactique qui peut être utilisée par une entreprise qui démarre. Mais dès que possible, nous devons vendre au prix tarif de manière cohérente.

Points Clés

Le prix d'un produit ou d'un service veut dire deux choses : une transaction économique et une déclaration de valeur. Si vous faites une réduction, pour quelque raison que ce soit, vous devrez quand même faire une déclaration de valeur. C'est important pour les transactions à venir et pour assurer que le client apprécie votre produit à sa juste valeur.

À vous de jouer

• Prenez garde que vos réductions ne viennent vous poser problème plus tard, ou ne se propage de clients en clients. Évitez ça en marquant clairement dans votre devis le prix tarif du produit, même si parfois ce n'est pas le prix vendu au client.

Voir aussi

J'espère que vous commencez à avoir davantage confiance en vous pour augmenter vos prix en reconnaissant la valeur de ce que vous offrez.

Mais le prix n'est pas une question de confiance, c'est une question de stratégie.

En ne traitant qu'avec les bons clients, ce qui veulent ce en quoi vous excellez, vous pouvez augmentez vos prix.

Maintenant, il nous faut écouter ces clients...

Écoutez vos clients avant de leur parler

L'écoute du client et autres techniques d'étude de marché

L'analyse de marché est avant tout une attitude, une conviction que nous pouvons apprendre des éléments importants de nos clients. D'ailleurs cette action peut ne pas coûter grand-chose. L'écoute du client est la première action, la plus efficace et la moins chère pour connaître son marché. Vous récolterez des informations et des idées pour vous aider à lutter face à la concurrence.

Demandez à quelques clients clés de partager ce qu'ils pensent de votre entreprise. Ils vous diront sans aucun doute des choses très utiles que vous ignoriez, ceci afin que vous puissiez les améliorer.

33- Ne faites pas d'études de marché!

Le marketing se préoccupe de voir les choses du point de vue du client. Cela veut dire comprendre ses clients, et, tout simplement, les écouter.

L'écoute du client est le terme que je préfère utiliser, au lieu d' « étude de marché ». C'est parce que pour la plupart des gens, une « étude de marché » est un processus très formel, que les grandes entreprises réalisent avec de gros budgets. Si je suggère aux petites entreprises de faire une « étude de marché », leur réaction initiale est de dire que ce ne va pas être possible à cause du coût. Donc je préfère ne pas utiliser le terme. Je leur parle davantage de comment ils peuvent mieux « écouter leurs clients ». Cette nouvelle approche semble plus réalisable, plus pratique, et plus adaptée à une petite entreprise. De ce fait, écouter ce que le client a à dire sur ses besoins et sur nos produits semble tout à fait faisable. Parce que le terme « écouter le client » est plus accessible, nous pouvons commencer à parler de comment faire.

Les études de marché, ou « l'écoute du client », ne sont pas seulement un amas de techniques et de processus, ce sont surtout une attitude fondamentale. C'est une façon de penser aux clients et à notre relation avec les clients. C'est une manière de reconnaître le fait que les clients ont quelque chose d'important à nous dire, non seulement sur eux mais aussi sur notre entreprise. Car il est bien possible que les clients aient compris des choses sur notre entreprise que nous ignorons. Nous devons nous ouvrir à la possibilité que nous ne savons pas tout, même sur notre propre entreprise. Si nous sommes complaisant, et pensons que nous savons déjà tout ce qu'il y a à savoir sur notre entreprise et sur nos clients, l'étude de marché ne se fera jamais vraiment. Avec ce genre d'attitude, nous ne pouvons rien apprendre de nouveau en écoutant nos clients. Certains entrepreneurs sont persuadés qu'ils savent déjà tout. Ils pensent qu'il leur suffit de parler aux clients, pas de perdre leur temps à écouter ce qu'ils ont à dire.

CHAPITRE 6: ÉCOUTEZ VOS CLIENTS AVANT DE LEUR PARLER

Personnellement, je trouve que c'est arrogant et stupide. Et c'est mauvais pour les affaires. Au contraire, nous pouvons nous intéresser vraiment à ce que nos clients pensent de notre entreprise. Nous pouvons être curieux de leurs besoins, présents et futurs. Nous pouvons leur demander ce qu'ils pensent vraiment de notre produit. Nous pouvons être intrigués par les avantages que notre produit leur apporte vraiment. Nous pouvons leur demander les problèmes rencontrés et créer des solutions qu'on peut ensuite leur vendre. Au lieu d'être arrogants, nous pouvons être prêts à écouter. C'est le point de départ. Après ça, écouter le client devient facile, parce que nous sommes prêts à le faire. Il faut être ouverts et prêts à entendre ce que le client a à nous dire. Tout le reste n'est que détail. Il est ensuite facile de trouver des moyens pratiques et utiles de créer un dialogue avec nos clients.

Donc, si vous pensez encore que cela ne vaut pas la peine d'écouter vos clients, je vous engage à sauter ce chapitre.

Mais en revanche, il se peut que vous vous souciiez vraiment de ce que vos clients pensent. Voulez-vous entendre des idées et des façons de penser nouvelles ? Êtes-vous prêts à être surpris ? Apporteriez-vous de l'importance à ces nouvelles idées si elles venaient de vos clients ? Si oui, continuez. Si vous êtes véritablement curieux, vous ferez des avancées significatives face à vos concurrents. Vous êtes sur le point de comprendre vraiment comment vos clients pensent, comment ils se comportent, ce qu'ils veulent et ce qui est important pour eux.

Le plus simple serait de prendre votre téléphone et d'appeler un petit nombre de clients clés pour poser des questions sur votre produit. Vous pourriez aussi les inviter à un groupe de discussion. Cela peut se faire dans un environnement informel, relaxant, pour générer une discussion sur leurs idées, leurs expériences et leurs attitudes quand ils achètent vos produits et ceux de vos concurrents. Des techniques simples comme des cartes réponses, des questionnaires simples ou en ligne peuvent tous jouer un rôle dans cet exercice, tout en étant pratique et bon marché même pour les plus petites entreprises. Écouter le client peut aussi se faire en point de vente. Gagner des clients n'est pas forcément une relation à sens unique, où vous vendez et communiquez à la fois. Il s'agit de prendre le temps de les écouter, de s'intéresser à ce qu'ils pensent et simplement de créer un espace où le dialogue peut commencer.

Points Clés

L'étude de marché est fondamentalement une attitude, une conviction que nous pouvons apprendre des choses utiles de nos clients. Cela n'a pas besoin d'être un exercice compliqué et onéreux. Ecouter le client peut vous aider à penser à des moyens pratiques et bon marché pour engager le dialogue avec vos clients clés. Vous y gagnerez des informations et des idées pour vous aider à développer vos avantages concurrentiels.

À vous de jouer

* Utilisez le terme « Ecoute du client » afin de voir le processus d'étude de marché comme un exercice faisable et logique. Trouvez des moyens pratiques d'écouter vos clients, leurs besoins et leurs idées.

* Faites une liste des choses que vous aimeriez découvrir chez vos clients. Notez le nom de 10 clients et demandez leur.

Voir aussi

34- Les clients savent des choses que nous ignorons

Il y a bien longtemps, Bill, qui était un partenaire dans une grande entreprise de comptabilité, s'occupait des comptes de ma société de distribution et de promotion de livres. Il me dit un jour que son entreprise était fière de préparer et de livrer les comptes annuels des clients en un temps record. Je lui demandais si c'était vraiment ce que ses clients désiraient. Il me regarda un peu interloqué et me répondit qu'ils étaient vraiment plus rapides que la concurrence. « Mais peut-être que vos clients ne sont pas particulièrement intéressés par la rapidité à laquelle ils reçoivent leurs comptes ? », j'insistais, « Vous leur avez demandé ? ». Quelques semaines plus tard, il me passa un coup de téléphone pour me dire qu'ils avaient demandé à quelques clients ce qu'ils pensaient de leur service rapide. En réalité, les clients n'avaient pas besoin que leurs comptes soient livrés de manière urgente. Mais ce qu'ils voulaient, c'était que le comptable vienne à la réunion des directeurs pour présenter les comptes et expliquer l'importance des rapports financiers. Avant que Bill et ses collègues ne prennent la peine de demander à leurs clients ce qu'ils voulaient, ils avaient présumé, et étaient fiers, de quelque chose qui n'avait aucune valeur pour leurs clients.

Nous devons écouter nos clients car ils savent des choses sur notre entreprise que nous ignorons. Les clients voient les choses différemment. Ils trouvent souvent des avantages là où nous n'en voyons pas, ou ils n'attachent aucune valeur aux choses que nous croyons importantes. Le Marketing se préoccupe de regarder les choses du point de vue du client.

Si nous traitons les clients avec respect et sommes prêts à les écouter, alors il se peut qu'ils nous aident. Les clients peuvent nous dire ce que nous ne faisons pas bien, ce que nous pouvons améliorer et ce que nous faisons bien, et ce que nous ne devrions pas changer. Ils peuvent nous dire comment être encore plus à leur service.

Tout ceci n'est pas évident. On ne peut pas supposer que ce qui est important pour nous est important pour le client. Il est possible qu'ils veuillent quelque chose d'un peu différent de ce que nous leur offrons actuellement. Vous ne saurez pas avant de leur demander.

Bien sûr, il faut choisir la bonne cible de client à écouter. Comme je l'ai déjà dit : tous les clients ne sont pas de bons clients. Et il ne faut pas écouter la mauvaise cible de clients. Donc une étude de marché efficace (« Ecoute du client ») doit se faire seulement avec la bonne cible. Si nous demandons à la mauvaise cible, nous n'aurons pas les bonnes réponses. Ce qui veut dire qu'il nous faut choisir nos clients de manière stratégique. Les bons clients sont ceux qui sont prêts à nous dire ce en quoi nous excellons, qui partagent nos valeurs et sont prêts à payer le prix juste pour l'expertise que nous offrons.

Points Clés

Demandez à vos clients de partager leur point de vue sur votre entreprise. Il est plus que probable qu'ils vous diront des choses que vous ne saviez pas, et que vous pouvez améliorer.

À vous de jouer

• Commencez par sélectionner un seul client important. Décidez de la meilleure façon d'engager un dialogue avec eux. Demandez leur comment ils voient votre entreprise et leurs suggestions pour l'améliorer.

Voir aussi

35- Utiliser les plateformes de financement collectif pour tester son produit

À une conférence sur l'entreprenariat, j'ai eu la chance de partager la scène avec Slava Rubin, le PDG de la plateforme de financement collectif IndieGogo. J'avais déjà mentionné le financement collectif dans mon discours. Il en parla en détail, partageant son expérience avec une des plateformes de financement collectif la plus populaire au monde. Une des nombreuses informations intéressantes qu'il nous donna, fut que les plateformes comme la sienne peuvent être utilisées pour faire des études de marché. On peut présenter une idée ou un prototype sur la plateforme pour attirer de l'investissement. De plus, cela permet de tester le marché sur un produit particulier. Il est possible de présenter 2 ou 3 produits potentiels pour tester celui qui génère le plus d'intérêt. Si cela n'intéresse personne, çela nous dit aussi quelque chose. Il est préférable de s'apercevoir dès le début d'un nouveau projet, qu'il n'y a pas de demande. D'un autre coté, on peut avoir la bonne surprise de réaliser que notre nouveau projet génère l'intérêt du marché. J'ai écrit sur ce sujet dans mon blog[12].

Plusieurs plateformes de financement collectif ont été utilisées par des entreprises créatives et numériques, non seulement pour lever des fonds mais aussi pour recevoir des commentaires sur le produit et créer une clientèle. L'exemple de la société Kickstarter était particulièrement intéressant et permet de se rendre compte de la diversité des projets présents sur ces plateformes. En Nouvelle-Zélande et ailleurs, j'ai découvert des plateformes de financement collectif adaptées aux besoins des marchés locaux. Elles peuvent être utilisées pour de la veille de marché autant que pour attirer des investisseurs.

Les entrepreneurs convaincus du succès de leur futur projet ne considéreront jamais ce genre de chose. Mais si nous partons du postulat que nous ne savons pas tout, c'est une bonne façon de poser des questions à nos clients.

---

12 http://blog.davidparrish.com/tshirts_and_suits/2011/11/crowd-testing.html

Points Clés

Les plateformes de financement collectif peuvent être une très bonne façon de tester une idée à son début en guise d'étude de marché.

À vous de jouer

• Quand vous considérerez votre futur projet ou produit, demandez-vous d'abord ce que vos clients en pensent. Vous pouvez même utiliser les plateformes de financement collectif pour poser la question aux membres.

Voir aussi

36- Savoir accepter les résultats d'une étude de faisabilité

Á la fin de mes ateliers de formation pour entrepreneurs, les gens veulent souvent avoir une conversation privée avec moi. Ils me disent parfois qu'ils ont pris la décision de ne pas poursuivre leur projet d'entreprise à cause de ce qu'ils ont appris dans la formation ; Ou qu'ils vont attendre d'avoir fait plus de recherches avant de se lancer.

L'atelier de formation avait testé la faisabilité de leur idée commerciale et ils avaient compris que ce n'était pas faisable. Ou plutôt, que ce n'était pas encore faisable. Pour moi, c'est un résultat positif. L 'entrepreneur a gagné de l'argent, de l'énergie, du temps, et des coûts d'opportunités.

On peut faire une étude de faisabilité en écoutant ses clients. Un projet pilote peut être utilisé comme une expérience de courte durée pour tester une idée commerciale.

Cependant, le problème avec la majorité des projets pilotes et des études de faisabilité est que les dirigeants ne conçoivent pas de ne pas continuer. Donc un projet pilote n'est que la première phase d'un projet que quelqu'un a déjà décidé de poursuivre quoi qu'il arrive. Une étude de faisabilité devient un exercice destiné à prouver que votre idée est bonne. C'était le cas d'un projet d'investissement important pour lequel j'étais consultant aux Émirats Arabes Unis. Un scheik ultra riche avait ordonné que l'étude de faisabilité soit positive afin de corroborer la décision qu'il avait en fait déjà prise.

À l'opposé, une véritable étude de faisabilité est faite pour apprendre quelque chose de nouveau ; Même si nous apprenons que notre idée n'est pas assez bonne, ou que la demande n'est pas assez forte. Arriver à une conclusion négative est en fait un point positif. Il vaut mieux se rendre compte assez vite si on est sur le point de gâcher ses précieuses ressources, non ?

Le mouvement des « lean start up » et le concept de « produit minimal viable » recommandent l'utilisation de projets pilotes.

Avant de développer un produit complet, il est plus judicieux de faire une version plus simple ou un prototype. Ou de tester plusieurs produits avant de collecter les commentaires des usagers. De cette manière, nous apprenons ce que le client pense et ce qu'il veut vraiment.

Points Clés

Une véritable étude de faisabilité doit être ouverte à la possibilité que l'idée qui est testée peut ne pas être bonne. Autrement ce n'est pas une vraie étude de faisabilité. Découvrir qu'une idée ne va pas marcher ou qu'elle a besoin de plus de travail est quelque chose de positif. Cela va vous aider à économiser vos ressources et vous permettre de réussir plus rapidement.

Á vous de jouer

• Menez vos études de faisabilité et vos produits pilotes avec l'esprit ouvert à la possibilité que les choses puissent échouer. En étant objectif, on peut se concentrer sur les bonnes choses plus rapidement.

• Faites de ces actions une politique d'entreprise : les études de faisabilité et leurs projets pilotes ont le droit d'échouer.

Voir aussi

Écouter les clients n'est pas forcement difficile.

Le plus difficile, peut-être, est de changer votre état d'esprit et de commencer à écouter le client plutôt que de leur parler.

Commencez avec un seul client, entrainez-vous à écouter. Invitez les à prendre un café et écoutez les soigneusement.

Avec les informations et les réflexions que vous aurez ainsi récoltées, vous serez plus à même de proposer des produits ou services pertinents à vos clients.

CHAPITRE 7

Comment vendre vos avantages concurrentiels à vos clients

Les clients veulent savoir ce que votre produit ou service leur apporte. Ils ne sont pas particulièrement intéressés par vous, ou votre entreprise et ce que vous trouvez intéressant.

Ce que le client apprécie dans votre produit peut être très différent de ce que vous trouvez important. Les avantages concurrentiels peuvent être à la fois évidents, et cachés. Ils peuvent être tangibles ou incorporels. Il se peut que l'entreprise ne comprenne pas bien pourquoi ils sont importants pour les clients. Il faut leur demander.

Il est facile de faire l'erreur de parler de votre entreprise, de votre point de vue (les caractéristiques) plutôt que de mettre en avant ce qu'elle apporte au client (les bénéfices). Certaines choses sont plus importantes pour nous que pour nos clients. Identifiez ces éléments et réduisez la place qu'elles occupent dans vos communications marketing. Au contraire, mettez l'accent sur les bénéfices importants pour le client.

37- Les clients ne s'intéressent ni à vous, ni à votre entreprise

Jane, qui propose des activités artistiques aux municipalités, m'avait contacté pour me demander comment vendre ses services aux écoles. Lors de ses rendez-vous avec les chefs d'établissements, elle présentait de manière très enthousiaste son éventail impressionnant de projets artistiques. Pour moi, c'était le coup classique des caractéristiques au lieu des bénéfices : elle parlait du processus, et non des résultats. Elle n'arrivait pas à montrer ce que ces projets allaient apporter aux chefs d'établissement, décideurs du projet.

Il nous fallait changer sa technique de vente. Au lieu de commencer par raconter son histoire et sa passion- et de finir par ce que le client voulait- il nous fallait commencer par le client. Pour moi, c'était l'enchainement logique. Elle tomba d'accord après y avoir réfléchi de manière rationnelle, mais c'était contraire à son instinct et à son approche passionnée. Mais nous y arrivâmes. Il fallu nous forcer à prendre les choses du coté client, et nous imaginer à la place d'un principal d'école. Il ou elle est sous pression de produire des résultats, mesurés par les inspecteurs, dont les critères sont la réussite académique et le développement de chaque enfant, protégé des risques d'intimidations, de racisme et de préjugés sexuels.

Et bien sûr, les chefs d'établissement sont sous pression financière, avec peu de budget à dépenser pour les activités extra-scolaires. Parce que Jane parlait d' « activités artistiques », le ou la principale les considérait comme une option, certainement pas une priorité. En voyant les choses du point de vue du client, nous avions dû reconnaître que nous avions besoin de résoudre leurs problèmes. Il fallait que nous offrions le bénéfice de réussir un rapport d'inspection plus satisfaisant, de les aider à changer la culture de l'école de manière à ce que les élèves puissent exceller académiquement dans une culture libre de racisme, de sexisme et d'intimidations. Nous commençâmes donc une approche beaucoup plus efficace en nous penchant sur les épreuves rencontrées par les écoles, et en leur offrant une solution.

Au lieu de leur vendre de l'art, nous commençâmes à vendre une solution à leurs problèmes. Nous proposâmes un assortiment de projets qui prenaient en charge les problèmes mis en valeur dans le rapport de l'inspecteur et demandâmes aux chefs d'établissements s'ils voulaient investir pour améliorer ces sujets. Jane continua par donner des exemples de comment elle avait obtenu des résultats similaires avec d'autres écoles. L'argument de vente commençait à marcher. Les chefs d'établissement furent vite d'accord que des projets spécifiques étaient nécessaires pour améliorer la situation. Ce n'est qu'à la fin de la discussion qu'ils demandèrent des détails sur les projets, les méthodes, les techniques et comment Jane allait administrer les projets pour atteindre les résultats escomptés. Ce n'est qu'à la fin que Jane parla d'art. Malgré sa passion, elle dût reconnaître que, du point de vue des chefs d'établissement, les arts étaient tout simplement une façon d'atteindre des résultats, pas une fin en soi. L'art était une caractéristique, pas un bénéfice.

Nous parlons toujours trop quand nous sommes trop enthousiastes.

Il est aussi possible que nous donnions des informations inutiles au client. Je ne sais pas combien de présentations d'entreprises j'ai vu commençant par une histoire détaillée de l'entreprise. Je suis forcé d'attendre patiemment qu'on passe toutes les étapes chronologiques avant de savoir le but de la présentation : est ce que c'est une proposition de vente, d'investissement, une présentation d'offre de prix ? L'histoire d'une entreprise est importante pour les fondateurs, et pour eux c'est logique de commencer par ça : comment l'entreprise a commencé, comment elle s'est développée, où on en est, ce qu'on offre et de quoi elle a besoin.

Mais qui trouve ça intéressant ?

La dure réalité est que tout le monde se fiche de vous et de votre entreprise. Ils ne sont préoccupés que par ce qui les intéressent.

Donc, dans une présentation, l'assistance veut que vous preniez les choses à l'envers. Les gens veulent que vous commenciez par ce que cela va leur apporter. Et ensuite, s'ils sont intéressés, ils voudront peut être en savoir plus et jeter un coup d'œil sur l'histoire de votre entreprise, comment elle marche et autres détails.

Un des éléments les plus importants dans les communications marketing est de faire la différence entre les caractéristiques et les bénéfices que l'on offre. Il y a les caractéristiques du produit ou du service que, en tant que fournisseur, nous connaissons bien. Et il y a les bénéfices- en d'autres mots ce que le produit ou le service va faire pour aider, servir ou satisfaire le client.

Ce sont les bénéfices que le client veut connaître.

Et pourtant, nous continuons à parler des caractéristiques, parce que c'est ce qui nous intéresse. Nous ne regardons pas le produit du point de vue du client mais du nôtre. Et donc nous échouons à exprimer correctement les bénéfices avec le risque de perdre le client.

Le test final est si le client dit à la fin de la présentation : « Et alors ? ». C'est le test des caractéristiques et des bénéfices.

Nous devons commencer par les attentes du client, pas les nôtres- commencer avec les bénéfices et n'en venir aux caractéristiques que si c'est nécessaire. Ne faites pas l'erreur de commencer par les caractéristiques en espérant avoir le temps de parler des bénéfices avant que le client ne perde patience. Leur seule question est : « Qu'est ce que ça m'apporte ? »

Points Clés

Le client veut savoir ce qu'il va tirer de votre produit ou service. Il ne s'intéresse pas à vous ni à votre entreprise.

À vous de jouer

• Utilisez comme point de départ la question du client : »Qu'est ce que ça m'apporte ? » et créez vos communications marketing pour répondre à ces questions.

• Demandez à un collègue de jouer le rôle du client et de tester les communications marketing en demandant : »Qu'est ce que ça m'apporte ? »

Voir aussi

38- Promouvoir les bénéfices

Les clients voient le monde d'une façon différente de la nôtre. Ils voient nos produits ou services en termes de bénéfices. Parfois ils voient des bénéfices que nous n'avions même pas identifiés. Ce que le client retire d'un produit peut être très différent de ce que nous y avons mis intentionnellement. Il se peut qu'il y ait plusieurs bénéfices pour le client. C'est ce que j'appelle un ensemble de bénéfices.

Quand je me rends chez Apple pour acheter un accessoire, je réponds à plusieurs attentes. Évidemment, le produit présente un bénéfice évident. Mais il y a aussi les autres. Par exemple, le fait que j'aime leur packaging, la relation sympathique avec les vendeurs et les accessoires variés. Je m'identifie complètement à la communauté Apple.

Cet ensemble de bénéfices peut inclure des éléments matériels et immatériels, faciles à voir ou cachés. Les éléments matériels peuvent par exemple comprendre l'emballage, les accessoires, un certificat d'authenticité, ou d'autres avantages liés au produit. Les éléments immatériels peuvent vouloir dire la livraison, l'assurance, le service après vente, ou la possibilité de s'associer avec une marque connue. Ou cela peut être un lien avec le fondateur. Cela peut être l'appartenance à une communauté qui s'est créée autour du produit. Un esprit de communauté peut faire partie de l'ensemble des bénéfices offerts au client. Nous sommes des animaux sociaux et nous aimons sentir que nous faisons partie d'une communauté ou d'une autre, que cela soit une communauté géographique, d'intérêt ou même spirituelle.

La publicité après vente a toujours cet effet. Voir une publicité pour ce que nous venons d'acheter ne nous encourage pas à acheter de nouveau, mais nous rassure que nous avons fait le bon choix. Après avoir acheté une certaine voiture, nous en voyons partout sur les routes, parce que nous nous identifions aux autres conducteurs qui ont fait ce choix. Quand j'utilise le wifi dans un café, je ne peux pas m'empêcher de remarquer les autres utilisateurs d'ordinateur portable Apple. J'ai tendance à penser qu'il y a une connexion tacite entre ces autres utilisateurs Apple et moi. Les marques de vêtements, boissons alcoolisées, salles de concert, livres et des tas d'autres produits (et parfois des services) ont le même effet. Ils aident les gens à sentir qu'ils font partie de quelque chose de plus grand qu'eux. Cela peut être une histoire de goût, un choix économique, des aspirations similaires ou une même solidarité pour une certaine cause.

On peut développer ce type de parenté, une fois qu'elle a été reconnue, et offrir aux clients le choix d'y adhérer de manière formelle ou informelle. Nous sommes des animaux sociaux. Dans un livre appelé « Yes ! 50 Stories from the Science of Persuasion », on découvre une expérience sur la tendance des clients d'hôtels à recycler leurs serviettes. Quand on leur dit que recycler les serviettes est bon pour l'environnement, un certain nombre de clients répondent positivement, mais quand on leur dit que « la majorité des clients dans cet hôtel recyclent leurs serviettes », la réponse est nettement plus élevée. Il semble que nous nous inquiétions plus de faire partie du bon groupe que du sort de notre planète.

L'ensemble des bénéfices d'un produit ou service peut comporter des éléments auxquels le client apporte de la valeur. La seule façon de le savoir est de regarder ces éléments du point de vue du client. Parlez-leur et demandez-leur.

Points Clés

Les bénéfices qu'un client retire d'un produit peuvent être différents de ceux qui y ont été mis consciemment. Cet ensemble de bénéfices peut inclure des éléments évidents ou cachés. Ils peuvent être matériels ou immatériels. Il est possible que nous ne comprenions pas bien la façon dont les clients apprécient ces avantages. Alors demandez-leur.

À vous de jouer

• Trouvez des méthodes pour comprendre comment vos clients apprécient les bénéfices de vos produits, à la fois matériels et immatériels. Parlez aux clients de ces bénéfices et comment ils les apprécient.

• Si possible, rendez visite à 5 clients pour voir comment ils utilisent vos produits ou services, en recherchant les bénéfices clients cachés auxquels vous n'auriez pas pensés.

Voir aussi

39- Faire fausse route

James et sa femme sont les propriétaires gérants d'une galerie d'art en Afrique du Sud. James gère la galerie tandis que sa femme Emma est une artiste peintre spécialisée dans les animaux sauvages. Ils connaissent tous les deux très bien la faune africaine. C'est une partie importante de leur vie et la base de leur entreprise. James me raconta sa rencontre avec un client intéressé par un tableau. Il lui raconta qu'ils avaient vu le lion dans son habitat naturel au Kenya. James était enthousiasmé par sa rencontre avec l'animal, et s'attendait à ce que le client soit impressionné, car la plupart de leurs clients partagent leur passion pour les animaux d'Afrique. Mais pas cette fois ci. James me raconta avec embarras que, alors qu'il avait parlé du lion pendant un bon moment, le client lui dit qu'il n'avait aucun intérêt pour les animaux. Il considérait acheter le tableau à cause de sa valeur comme investissement. James changea immédiatement de discours. Il parla de la carrière de sa femme, des ventes réalisées par les galeries qui la représentent à l'international et de leurs clients les plus connus. Il commença à vendre le tableau comme un investissement, plutôt qu'un trésor pour un passionné d'animaux sauvages.

James n'avait pas écouté avant de parler. Il avait fait fausse route, et il était persuadé qu'il savait ce que le client voulait, mais il avait tort. Il me dit après coup qu'avant de se lancer dans son discours de vente, il aurait dû écouter plus. Même s'il avait réussi à rectifier la trajectoire et à vendre le tableau, il aurait dû commencer par des questions ouvertes. Ainsi il aurait pu comprendre les motivations et les besoins du client potentiel. Écouter est important.

Points Clés

Écouter fait partie à part entière du processus de vente. Nous devons découvrir les besoins du client. Ne pensez pas que vous les connaissez à l'avance.

À vous de jouer

Forcez-vous à écouter les clients et à poser des questions, afin de découvrir ce qui leur importe. Ne supposez rien. Posez-leur des questions ouvertes pour les faire parler en premier.

Faites-vous la promesse que la prochaine fois que vous parlerez à un client, vous lui demanderez d'abord ses besoins.

Voir aussi

40- Pourquoi les récompenses et distinctions ne valent rien

Tobias est un des directeurs d'une grande compagnie de conception graphique en Suède qui avait remporté un bon nombre de récompenses. Ses collègues et lui-même étaient, comme il se doit, fiers de ces distinctions. À un de mes ateliers, il me dit qu'il en parlait toujours dans ses communications marketing. Mais un jour, un client lui demanda : « Et Alors ? » ; signifiant : « Quel bénéfice puis-je en retirer? ». Tobias fût, au premier abord, déstabilisé par cette question, et vexé. Pour lui, c'était évident que gagner des prix était une bonne chose- cela montrait le professionnalisme de sa société. Mais cette conviction avait été ébranlée et Tobias dû répondre du point de vue du client.

La réponse était facile.

Ils avaient gagné le prix en question parce que leur nouvel emballage avait aidé un fabricant à augmenter ses ventes et leur avait permis d'augmenter le prix de vente de leur produit. Et voilà ! Le client était maintenant intéressé. Il voulait discuter de comment la conception graphique pouvait être utilisée pour l'aider à augmenter ses ventes, ses prix et ses profits. Et c'était bien si la compagnie qui avait créé l'emballage remportait un prix, mais ce n'était franchement pas bien important pour le client.

Le fait de gagner un prix n'est pas un bénéfice client. C'est le travail de graphisme qui va aider la profitabilité du client qui est un bénéfice client. En mettant l'accent sur les prix et les distinctions, l'entreprise de Tobias parlait de ce qui était important pour elle, mais pas pour le client. Ils étaient tombés dans le piège de parler des caractéristiques, pas des bénéfices.

En prenant du recul, il n'est pas difficile de voir les problèmes. Il est facile de donner des conseils de l'extérieur (c'est ce que je fais comme consultant !). Mais avant de se sentir supérieur, passez en revue ce que vous faites. Nous sommes tous coupables de çela à un moment ou à un autre, donc passez du temps sur votre discours marketing et demandez-vous « Et Alors » pour tester la validité de chaque déclaration.

Points Clés

Certaines choses sont bien plus importantes pour nous que pour les clients. Identifiez-les et arrêtez de mettre l'accent dessus dans vos communications marketing. Au lieu de ça, appuyez sur ce qui importe vraiment au client.

À vous de jouer

- Examinez vos communications marketing. Parlez-vous de ce qui importe au client ou de ce qui vous importe ?
- Demandez à un collègue ou à quelqu'un de l'extérieur de passer à la loupe vos communications marketing pour identifier les avantages clients et éliminez tout ce qui ne comporte pas de bénéfices pour le client.

Voir aussi

51- Qu'achètent-ils en réalité? 152

41- Mais pourquoi est-ce que personne ne vient sur mon site internet ?

Dans mon travail comme consultant et formateur en marketing, je mets en garde les entreprises dans les secteurs du design, des media et du numérique sur les dangers de ne pas mettre l'accent sur les bénéfices clients. Donc je suis très embarrassé de révéler que je suis moi-même tombé dans ce piège.

Il y a quelques années, je fis refaire mon site internet pour mettre en avant mes acquis académiques et professionnels. Avant de le lancer, je décidais de faire ce que je conseille à mes clients, c'est à dire demander à des clients ce qu'ils en pensent. J'appelai un petit nombre d'anciens clients avec qui j'étais resté en contact et de qui je respectais l'opinion. Je leur demandais ce qu'ils pensaient de mon nouveau site. Les deux me dirent la même chose. Ils me dirent que mes diplômes n'étaient pas ce qui était important pour eux, ce n'était pas la raison pour laquelle ils m'avaient engagé comme conseiller ni pour laquelle ils m'avaient recommandés à d'autres. Ils me dirent tous deux que mon avantage principal était plutôt mon style de travail, qui laisse les clients arriver aux solutions par eux-mêmes, le fait que je travaille en prenant en compte le contexte de l'entreprise et que je les aide à trouver des solutions appropriées.

En criant haut et fort mes diplômes, je mettais l'emphase sur les caractéristiques, pas les bénéfices – c'est à dire sur moi-même plutôt que sur les résultats pour le client. Et pire que ça, on aurait dit que le site était fait pour moi, et non pour eux : il parlait de ce qui m'intéressait plutôt que de ce qu'ils voulaient savoir. Oups.

Des années plus tard, je fis la même erreur.

Ayant créé une nouvelle version de mon site internet, j'envoyais des emails personnalisés à mes contacts avec le message : « David Parrish a un nouveau site ». Presque personne ne cliqua sur le site, donc j'envoyais les emails suivants en utilisant des capitales : « DAVID PARRISH A UN NOUVEAU SITE ! ». Toujours pas le trafic espéré. A ce stade-là, je m'arrêtais, un peu confus.

Je décidais d'être mon propre consultant. Qu'est ce que je dirais à un client dans cette situation ?

Je leur aurais dit qu'ils faisaient l'erreur de communiquer sur les caractéristiques et non sur les bénéfices. Le fait que David Parrish a un nouveau site internet est une caractéristique, et la réponse du client peut facilement être : « Et alors ? ». Les gens qui recevaient cet email pouvaient aisément dire « Content pour toi David » et le mettre directement à la poubelle. En fait, c'est ce que je fais moi-même avec la plupart des courriers électroniques que je reçois. Donc je regardai mon email du point de vue du client. Et je choisi un nouveau titre : « Idées de Management Sympa pour les Entrepreneurs Créatifs comme Vous ». Je reçu des réponses, et le trafic vers mon site augmenta.

Pourquoi?

Parce que je communiquai enfin ce qui importait au client. Je leur dis enfin comment ils pouvaient en profiter, plutôt que ce que j'y avais mis. Le message avait été changé de mon point de vue vers le leur. Je leur parlais enfin des bénéfices et non des caractéristiques.

Je suis bien embarrassé d'admettre ces fautes, surtout en tant que consultant marketing, mais ces histoires montrent bien combien il est difficile de prendre de la distance avec votre entreprise quand vous êtes enthousiaste et voulez la promouvoir. Au lieu de nous ruer dessus, nous devons calmement examiner ce que nous offrons au client, et lui parler dans sa propre langue et non dans la nôtre.

Points Clés

Il est très facile de se faire piéger et de parler de son entreprise de son point de vue (caractéristiques) plutôt que d'expliquer ce que ça apporte au client (bénéfices).

À vous de jouer

• Assurez-vous que vos communications marketing mettent en avant les bénéfices pour vos clients, plutôt que des faits qui n'intéressent que vous.

• Vérifiez vos communications marketing avant de les publier, en écrivant une évaluation des bénéfices pour le client.

Voir aussi

En changeant notre perspective pour adopter le point de vue du client, nous prenons la bonne habitude de nous demander vraiment ce que le client veut.

Nous apprendrons ce que le client veut en leur posant des questions et en écoutant attentivement les réponses.

Cela nous amènera à parler des éléments auxquels ils attachent de l'importance dans nos communications marketing.

Quand nous communiquons avec les clients, il est important de se rappeler qu'ils sont avant tout des individus.

CHAPITRE 8

Relations Interpersonnelles

Pourquoi les clients ont besoin de vous connaitre, de vous apprécier et de vous faire confiance

Le bouche à oreille est une technique efficace et bon marché. Mais malgré cela, beaucoup pensent encore que ce n'est pas du « vrai » marketing.

Si vous proposez un service personnalisé, alors votre personnalité est au moins aussi importante que vos compétences. Plus les clients ont besoin de vous connaître, vous apprécier et vous faire confiance pour traiter avec vous, plus vos communications marketing doivent mettre en avant votre équipe et sa personnalité. Les clients n'aiment pas acheter des services personnalisés à une entreprise impersonnelle.

Les clients ont tendance à rester fidèle aux entreprises qu'ils connaissent, apprécient et auxquelles ils font confiance. Cela peut être plus important qu'une différence de prix ou de compétence. Les clients préfèrent continuer à traiter avec leurs fournisseurs, jusqu'à ce qu'ils soient vraiment mécontents.

42- Le bouche à oreille, pas du vrai marketing ?

Pedro, un entrepreneur en Colombie, me dit un jour qu'il n'avait pas le budget pour faire du vrai marketing car il venait de créer son agence de conception de sites internet. Il m'assura que dès qu'il aurait commencé à faire des bénéfices, il mettrait en place un « vrai plan marketing ». Je lui dis que je comprenais bien la situation financière d'une entreprise quand elle commence. Mais je lui rappelais aussi que malgré cela, il avait réussit à gagner des clients dans les mois précédents, et avait finalisé plusieurs projets très réussis.

Je lui demandais comment il avait trouvé ces projets et comment il avait gagné ces clients. Il me dit, en s'excusant presque, qu'ils étaient tous venus de recommandations, par le bouche à oreille. Son premier site était pour un ancien collègue qui avait besoin d'un site. Ce client le recommanda à un associé, et Pedro remporta ce nouveau contrat. Il continua à gagner des clients comme cela. Cela m'intriguait beaucoup que Pedro sente le besoin de s'excuser d'avoir gagné des clients de cette manière, sans faire de publicité, sans faire ce qu'il appelait du « vrai marketing ».

A l'inverse, je me souviens d'un client qui avait monté son entreprise avec son indemnité de licenciement après avoir perdu son emploi. Il dépensa £5,000 en publicité et n'attira aucun nouveau client. Il avait gâché la somme entière. Et il pensait avoir « un vrai plan marketing ».

Le bouche-à-oreille est la technique de promotion commerciale la plus vieille au monde. Dès que les êtres humains ont appris à communiquer, ils ont échangé sur les actions pour s'alimenter, se protéger, se déplacer. Pourquoi donc ne pas considérer le bouche-à-oreille comme du « vrai marketing » ? Pourquoi le dénigrer ?

Pour moi, c'est la meilleure forme de communication marketing, certainement la moins chère et une des plus efficaces. Dans l'époque digitale où nous vivons, c'est encore plus important et redoutable. Les témoignages vidéo ne sont pas bien chers à produire. En utilisant les réseaux sociaux, les clients communiquent de manière numérique, rapide et internationale. L'effet du marketing viral (ou bouche à oreille) est plus puissant que jamais.

Points Clés

Le marketing viral est une solution efficace et peu chère.
Malgré cela, bon nombre de gens ne le considèrent pas comme du « vrai marketing ».

À vous de jouer

• Encouragez vos clients à partager leur expérience avec votre entreprise avec leurs amis et collègues, aussi bien par un témoignage physique ou sur les réseaux sociaux.

• Contactez vos 5 clients les plus importants et demandez-leur gentiment (peut-être en les invitant à déjeuner ou à prendre un verre) de vous recommander à leurs collègues et contacts.

Voir aussi

43- Qui est 'Info'?

Un jour, j'ai été engagé comme consultant en management par une agence de publicité en Écosse. Avant d'aller les voir, je jetais un coup d'œil à leur site internet et vu qu'ils avaient un portefeuille de travail très impressionnant et une bonne liste de références clients. Mais toute fois, je n'arrivais pas à me faire une idée de la taille de l'entreprise, de combien d'employés ils avaient ou de leur moyenne d'âge. C'était un site impersonnel, bien que très stylé, avec un nom intrigant mais abstrait.

Les gérantes, deux jeunes femmes, m'accueillirent dans leurs bureaux. Je mentionnais dans la conversation que je n'avais aucune idée en regardant leur site que l'entreprise appartenait et était tenue par deux jeunes femmes, ce qui est vraiment assez inhabituel (je tiens à mentionner ici que je ne disais pas ça pour émettre un jugement de valeur mais parce que c'est vraiment un fait dans l'industrie). Elles me dirent qu'elles avaient fait exprès de cacher leur sexe et leur âge après avoir trouvé que nombre de clients potentiels avaient des à priori négatifs envers les jeunes femmes. Je rétorquai que si certains clients pensaient vraiment qu'ils ne pouvaient faire confiance aux compétences de deux jeunes femmes, il est sûr et certains qu'ils n'allaient pas traiter avec elles de toute façon. D'un autre côté, si un client préférait travailler avec des femmes jeunes, il était impossible qu'il puisse les reconnaître. En d'autres termes, leur secret pouvait être « mis à jour » à tout moment, donc pourquoi ne pas communiquer sur ce fait clairement elles-mêmes. Cela serait plus rapide pour tout le monde et ça accélèrerait le processus de sélection inévitable, repoussant certains clients et en attirant d'autres par la même occasion.

J'ai rencontré une multitude d'entreprises dans le secteur créatif et numérique dont le site internet cache les fondateurs. Ces sites internet soulignent les compétences et le professionnalisme. Mais ils cachent leurs ressources humaines !

« Ne Cachez Pas Vos Gens »[13] est le titre d'un article de blog que j'ai écrit à ce sujet. C 'est une tirade sur les sites impersonnels qui font semblant de promouvoir une entreprise ouverte et sympa, mais qui refusent de vous dire qui en fait partie. Ces sites nous disent de « passez un coup de fil » ou de « passez prendre un café avec nous ». Pour ensuite vous proposer de les contacter en utilisant un de ces formulaires électroniques. Ils vous demandent de laisser vos coordonnées, nom, adresse email, et tout un tas d'autres informations personnelles. Sans même vous donner leur nom. Ça m'énerve vraiment quand je vois une adresse email comme « contactinfo »@[nom de la boite].com ou « bonjour@[nom de la boite].com

Je ne veux pas parler à Mr Info ! Pourquoi ne voulez-vous pas me donner vos noms ? Pourquoi ne pas dire « Appelez John Smith » ou « Envoyez un email à Amy Brown » ? Qu'est-ce qu'ils cachent ? Qui se cache derrière cette entreprise, des robots, des martiens ou des êtres humains ? Je suis peut-être un peu vieux jeu, mais j'aime savoir à qui je vais parler. Je veux savoir qui se cache derrière une organisation. Est-ce que j'en demande vraiment trop ?

Ces entreprises demandent aux clients de partager des informations personnelles sans donner la réciproque. Leurs sites internet sont comme des murs en béton avec une boite à lettres. Il est impossible de jeter un coup d'œil à l'intérieur pour voir comment se passent les choses. C'est l'inverse d'une approche conviviale.

Si nous voulons que les clients nous connaissent, nous apprécient et nous fassent confiance, nous nous devons de montrer qui nous sommes. Est-ce que c'est trop demander que d'avoir une photographie du gérant et de l'équipe sur le site, avec un peu d'information sur eux ? C'est vrai que beaucoup de sites internet le font désormais, mais je suis toujours étonné par le nombre de sites qui ne le font pas.

Les propriétaires de ces sites impersonnels comprennent mal les besoins de leurs clients. Ils pensent que le client a seulement besoin de connaître leurs compétences pour traiter avec eux. Mais les

---

13 http://blog.davidparrish.com/tshirts_and_suits/2009/12/dont-hide-your-people.html

compétences, bien que nécessaires, ne sont pas suffisantes. Le client se demande aussi « Puis-je peux traiter avec ces gens », « Puis-je leur faire confiance », « Comment sont-ils ? ». C'est souvent ce second élément qui manque.

« Votre différence est votre force » est le slogan que j'ai développé avec un ami artiste en le conseillant sur son activité. En étant authentique, sans se cacher ou se compromettre, nous repoussons certains clients tout en attirant d'autres. Oui, nous « perdons » des clients potentiels, mais auraient-ils vraiment fait affaire avec nous ? D'un autre côté, les clients qui adorent ce que nous faisons seront attirés vers nous plus sûrement et plus rapidement.

Donc ne cachez pas vos salariés. Bien sûr, il est possible que vous ayez des raisons de vous cacher, si vous pensez que vos clients ne vont pas vous aimer ! Mais le fait est que certains vous aimeront et d'autres pas. Donc autant accepter une bonne fois pour toute. Cela rebutera certains, et en attirera d'autres. Ce processus arrivera de toute façon, et si nous sommes honnêtes sur ce que nous sommes, nous pourrons nous connecter plus facilement à la bonne cible de clients. En refusant de vous cacher, vous laisserez les gens vous connaître, vous aimer et vous faire confiance.

Mettez en avant votre personnalité ainsi que vos compétences dans vos communications marketing.

Points Clés

Plus vos clients ont besoin de vous connaître, vous apprécier et vous faire confiance pour traiter avec vous, plus il est important que vos communications marketing reflètent votre personnalité et celle de vos employés. Les clients ne veulent pas acheter des services à des entreprises sans visage. Ne cachez pas vos salariés, célébrez-les ! Cela repoussera certains clients, mais cela en attirera d'autres, les bons clients.

À vous de jouer

• Demandez à quelqu'un qui ne connaît pas votre entreprise (l'ami d'un ami par exemple) ce qu'il peut en dire à partir de vos communications marketing.

Invitez toujours le client potentiel à contacter un être humain, avec un vrai nom. C'est encore mieux de montrer une photo.

Voir aussi

44- Laissez l'amour vous montrer le chemin

Quand j'étais petit, ma mère me disait : « Ce qui est important, c'est qui tu connais et non ce que tu sais ». A la vingtaine, j'ai créé une entreprise et j'ai bien sûr fait de la publicité et de la promotion. Plus tard, j'ai dirigé d'autres entreprises, dont une entreprise de distribution et de marketing de livres internationale. Après ça, j'ai fait une école de commerce, et j'ai lu beaucoup de livres de marketing. J'étais enchanté par la théorie et les stratagèmes complexes des stratégies marketing. J'en ai mis un certain nombre en pratique. Maintenant, après des années, je suis revenu à mon point de départ et à la conclusion que ce n'est pas ce qu'on sait mais qui on connaît qui est important.

Malgré toutes les techniques complexes de communications marketing, l'important reste les relations humaines. Ni les grandes entreprises ni les marques ne font des affaires. Ce sont des gens qui les font.

Pour traiter avec vous, les clients doivent vous connaître, vous apprécier et vous faire confiance. Bien sûr le degré est différent dans chaque secteur. Pour une transaction impersonnelle, comme une transaction en ligne, ce n'est pas particulièrement important. Mais si le produit implique une relation personnelle, alors c'est important. Donc cela s'applique à la majorité des services à la personne, et aux produits où le client est impliqué.

Si votre activité les touche personnellement à quelque degré que ce soit, vos clients doivent vous connaître, vous aimer et vous faire confiance. Le meilleur moyen de le prouver est par le bouche-à-oreille de clients qui vous recommandent à d'autres, par des témoignages ou toute autre technique similaire. Dans ces circonstances, votre atout promotionnel le plus important reste vos clients, ceux qui vous connaissent, vous aiment et vous font confiance et surtout qui vous ont vu travailler. Ces personnes peuvent vraiment dire que vous êtes bon, d'une manière bien plus authentique que tout ce que vous pourriez dire vous-même.

Utilisez ces relations personnelles au mieux.

Demandez ouvertement aux clients de vous recommander.
Donnez leur une récompense adéquate. Vous pourriez leur offrir
une récompense du travail ainsi gagné, mais parfois ce n'est pas
nécessaire, et ça peut même être contre-productif. Un « Merci »
sincère ou un petit cadeau est souvent suffisant pour les remercier
et encourager d'autres recommandations.

Alors que j'étais en train d'insister sur le fait qu'il fallait utiliser les
clients satisfaits pour gagner plus de contrats, une de mes clientes
me dit : « Donc David, ce que tu dis est qu'il faut laisser l'amour
nous montrer le chemin ». Ce n'est pas comme ça que je l'aurais
formulé, mais elle avait tout à fait raison.

Laissez l'amour vous montrer le chemin.

Points Clés

L'important, c'est les autres- un point c'est tout. Les gens ont besoin
de vous connaître, de vous apprécier et de vous faire confiance,
si vous traitez dans votre entreprise avec les clients de manière
personnelle. Les clients contents amènent de nouveaux clients.

À vous de jouer

- Utilisez les relations que vous avez déjà avec les clients qui vous
  aiment. Laissez l'amour vous guider.

- Demandez aux clients satisfaits de vous recommander à
  d'autres clients.

Voir aussi

45- Est ce que votre classement sur Google est important?

Les spécialistes de l'optimisation des moteurs de recherche vous vendront un service qui utilisera des mots clés, métadonnées et autres techniques pointues pour s'assurer que votre site internet est bien listé dans les classements Google. Mais la vraie question est pour vous : dans quelle mesure vos clients vous choisissent par votre classement sur Google ?

Pour certaines entreprises, un bon classement Google est essentiel; pour d'autres c'est presque inutile. Ce degré d'importance est lié au niveau de confiance personnelle qui est en jeu. Si je vendais de la papeterie, je voudrais absolument être bien placé sur le classement Google pour « papeterie ». Mais pour des services plus personnels, je ne pense pas que c'est important, car les clients doivent aussi savoir s'ils vous font confiance. Il y a plus de chance qu'ils vous trouvent par le bouche-à-oreille que par votre site internet.

Si j'ai besoin de trouver un fournisseur à qui je peux faire confiance, je serais prêt à chercher sur Google jusqu'à ce que je trouve quelque chose de convaincant, peut-être une vidéo, un témoignage client ou quelque autre preuve. Donc je pense que l'importance du classement Google est liée au degré d'impersonnalité de la transaction.

Les témoignages clients peuvent vous aider énormément.

Nous pouvons crier sur les toits que nous sommes formidables, mais cela ne compte pas. C'est normal pour une entreprise de le dire. Mais si quelqu'un d'autre le dit, ce sera beaucoup plus crédible. Les témoignages clients, par écrit ou en vidéo, sont très précieux. Si un client vous félicite sur un projet, demandez-lui de le mettre par écrit. Demandez-lui immédiatement, pendant qu'il y pense. Envoyez-lui un témoignage type, en lui proposant de l'éditer comme il veut, et en lui demandant de le renvoyer par email comme preuve qu'il accepte que vous l'utilisiez. Cela sera plus facile pour lui. Un des avantages de contacter vos clients pour leur demander des témoignages est que cela peut amener d'autres opportunités. En communiquant avec votre base de clients, vous pouvez gagner de nouveaux contacts ou faire une étude de marché utile. Vous pouvez aussi les encourager à vous recommander à leurs contacts.

Avant d'investir dans des services d'optimisation de moteurs de recherche, demandez-vous dans quelle mesure vos clients vont choisir votre entreprise et vos produits seulement sur la base de votre classement Google. En réalité, plus votre travail est personnel, moins c'est important.

Points Clés

Le classement Google est plus important pour certaines entreprises que pour d'autres. Pour les entreprises qui fournissent un produit impersonnel, le classement Google sera un facteur essentiel. Pour les produits et services personnels, cela sera bien moins important.

À vous de jouer

• Recherchez d'où sont venus vos clients récents et mesurez la proportion de ceux qui sont venus vers vous par une recherche sur Google. Cela vous aidera à comprendre le degré d'importance de l'optimisation des moteurs de recherche pour votre entreprise.

• Prenez en compte le degré de confiance personnelle que vous demandez au client avant d'investir dans l'optimisation de moteurs de recherche.

Voir aussi

21- De combien de clients avez-vous besoin?   *67*

46- Mettez-vous en observation

Nous devons être capable de regarder les choses du point de vue du client pour réussir notre marketing stratégique. C'est assez difficile à faire. Mais nous devons essayer. Nous avons tous certaines présomptions sur ce que veulent les clients. Nous nous attendons à ce qu'ils se comportent d'une manière particulière.

Un exercice très utile est d'observer comment vous agissez quand vous êtes de l'autre côté de la barrière, quand vous êtes client. Regardez et demandez-vous comment vous choisissez vos fournisseurs.

Dans mon cas, si j'ai besoin de fourniture en papeterie, je vais choisir une société en ligne qui propose un prix que je juge bon et la livraison. Je ne veux pas vraiment savoir qui est derrière l'entreprise. Mais si j'ai besoin qu'un photographe vienne chez moi, alors j'ai besoin de savoir deux choses. Premièrement, est-il qualifié et compétent. Deuxièmement, puis-je lui faire confiance pour faire du bon travail sans me laisser tomber à la dernière minute et sans m'escroquer. Il est facile de vérifier le premier élément. Je peux regarder les photos des candidats et leurs accréditations, comme l'appartenance à une association professionnelle. Le deuxième élément est bien plus difficile à juger, et je me retrouve avec des dizaines de photographes disponibles près de chez moi. Je ne sais pas comment les distinguer, donc en pratique, j'appelle un ami et je lui demande de me recommander quelqu'un.

Dans votre secteur, est-ce que les clients ne se préoccupent pas de savoir qui il y a derrière ? Ou au contraire, vont-ils avoir tendance à s'inquiéter de qui va faire le travail ?

Si c'est la deuxième option, alors il ne suffira pas de montrer tous vos diplômes et vos décorations pour les persuader : ils ont besoin de savoir des choses sur vous et sur votre équipe. Le bouche-à-oreille est le plus efficace. Vous pouvez aussi présenter l'entreprise avec une vidéo et gagner la confiance des clients potentiels avec des témoignages clients.

Pour moi, il y a deux types d'entreprise : les « complètement impersonnelles » d'un côté et les « ultra personnelles » de l'autre. Et bien sûr, il y a tous les échelons entre ces deux options. Avant de décider de nos communications marketing, nous devons décider où nous nous trouvons sur cette échelle et du niveau de confiance dont le client a besoin pour traiter avec nous.

Points Clés

Les clients se comportent d'une façon que nous ne comprenons pas toujours, ou n'avons pas toujours anticipé. Essayez de comprendre vos clients en observant vos réactions quand vous êtes clients vous-même.

À vous de jouer

• Observez votre comportement comme client. Qu'est ce qui vous fait décider d'acheter un produit ou un autre ? Qu'est ce que vous attendez des entreprises chez lesquelles vous achetez ? Quelle est l'importance de l'élément humain quand vous achetez différents types de produits et de services ?

Voir aussi

47- Analysez vos succès aussi bien que vos échecs

Vous analysez vos échecs. Si vous échouez à gagner un contrat, par exemple, vous ferez sans doute un débriefing de l'opération. Que s'est-il passé ? Qu'auriez-vous pu faire ? Que ferez-vous la prochaine fois ? Mais quand il s'agit de gagner, nous avons tendance à ne pas analyser les choses aussi profondément. Nous devrions au contraire nous pencher dessus et nous demander pourquoi nous avons remporté le contrat. Recherchez les raisons pour lesquelles vous avez été choisi plutôt que la concurrence. Cela vous aidera à comprendre votre avantage comparatif.

Soyez honnêtes avec vous-même, il est très probable que votre succès soit en bonne partie dû au fait que vous avez déjà une relation avec le client. Ne présumons pas que vous êtes les plus compétents. Mais restons honnête sur le fait que si vous n'étiez pas le meilleur techniquement, vous avez gagné le contrat grâce à votre relation avec le client.

Donc si les relations personnelles sont si importantes, il faut capitaliser dessus. Passez en revue votre carnet d'adresses et contactez d'anciens clients. Consolidez vos relations avec vos clients existants en les invitant à déjeuner. Renforcez les liens constamment. Encouragez-les à vous recommander à d'autres clients par le bouche-à-oreille.

Points Clés

On apprend aussi bien de ses succès que de ses échecs. Il est important de comprendre les raisons de votre succès. Il est bien possible que ça ait autant à voir avec vos relations qu'avec vos compétences.

À vous de jouer

- Ressortez votre carnet d'adresse et capitalisez sur vos relations avec vos clients passés et présents.

• Identifiez 5 anciens clients et contactez-les, peut-être pour prendre un verre ou à déjeuner.

Voir aussi

48- La confiance est plus importante que les compétences

Les clients ont tendance à rester avec les mêmes fournisseurs. Les études sociologiques montrent que les gens ont davantage tendance à changer de conjoint que de banque. L'inertie est forte pour changer de fournisseurs. Cependant, ce que les études montrent aussi, c'est que le déclic pour changer de fournisseur est en général très personnel. La plupart du temps, les clients changent de fournisseurs pas à cause du prix ou des services, mais parce qu'ils ont été déçus ou fâchés par un autre être humain. Il peut s'agir d 'un livreur grognon ou d'une réceptionniste impolie. Cela montre bien que le monde des affaires est en fait intensément personnel. On dit aussi que les médecins qui se font traîner en justice par leurs patients ne sont pas ceux qui ont fait les erreurs les plus graves, mais ceux qui ont manqué de s'excuser sincèrement. Un chirurgien peut couper la mauvaise jambe à un patient et ne pas être poursuivi en justice s'il s'excuse convenablement, tandis qu'un médecin qui enlève le mauvais ongle de pied mais ne traite pas la plainte du client avec assez de respect risque de se retrouver au tribunal.

Les relations humaines sont absolument capitales.

Les clients préfèrent rester avec les entreprises qu'ils connaissent, même si ce n'est pas les meilleures ou les moins chères. Cela peut être extrêmement frustrant si vous êtes en train d'essayer de gagner de nouveaux clients. Chaque mois, j'entends un nouvel entrepreneur se plaindre qu'il a proposé ses services pour un contrat, et que le client n'a fait que se réengager avec son fournisseur précédent. Cela peut être rageant et donner l'impression que l'action est entendue, et qu'en somme le temps que les autres fournisseurs ont investi était perdu d'avance. Pour moi, je pense qu'à toutes choses égales, le client préfère travailler avec quelqu'un qu'il connaît, apprécie, auquel il fait confiance et qu'il a déjà vu travailler. Je dirais même que si les nouveaux fournisseurs sont plus compétents que le fournisseur actuel, le client préférera quand même rester avec le fournisseur avec lequel ils ont établi une relation personnelle.

Cela démontre que les compétences sont importantes, mais pas suffisantes. Les compétences ne sont que la moitié de l'histoire. L'autre moitié est la relation. Pour gagner de nouveaux contrats, il nous faut les deux. Des compétences en plus ne contrebalancent pas un manque de confiance. Certaines entreprises de technologie sont remplies de programmeurs brillants, mais n'ont pas assez d'aptitudes sociales pour établir un rapport personnel avec les clients. C'est un déséquilibre qui ne va pas marcher. Une abondance de diplômes, compétences et projets réussis ne compensera pas une brèche dans la confiance du client.

Certes, mes clients se plaignent quand ils essaient de gagner un nouveau client et que le fournisseur attitré remporte le contrat. C'est drôle qu'ils ne se plaignent jamais (ou lancent des allégations de corruptions) quand ils sont eux-mêmes les fournisseurs attitrés. Ils n'ont aucun problème quand la roue tourne de leur côté et qu'ils gagnent un nouveau contrat avec un client qui les connait et qui les a vu travailler.

Les clients ont besoin de vous faire confiance personnellement avant d'avoir confiance en vos compétences. En fin de compte, la confiance est plus importante que les compétences.

Points Clés

Les clients ont tendance à rester avec les entreprises qu'ils connaissent, apprécient et en qui ils ont confiance. Ce facteur peut-être plus important qu'un prix ou des compétences supérieures aux concurrents. Les clients ont tendance à rester avec ce qu'ils connaissent. Jusqu'à ce qu'ils se fâchent.

À vous de jouer

- Reconnaissez qu'il sera difficile de déloger un fournisseur attitré chez un client potentiel. Mais appréciez en même temps les avantages que vous avez en ayant déjà des clients. Concentrez vos efforts sur les clients que vous avez déjà.

Voir aussi

Le marketing peut être assez simple. Il suffit de se souvenir que de vraies personnes se cachent derrière les fournisseurs et les clients.

Les clients aiment travailler avec des gens qu'ils apprécient. Ils ont besoin de faire confiance à leurs fournisseurs. Les clients créent avec vous des relations sur le plan humain et parleront de vous à leurs amis.

Basez votre marketing sur la façon dont les « vraies personnes » se comportent et comment ils voient les choses.

Quand vos clients parlent de qualité, explorez avec eux ce qu'ils veulent dire.

CHAPITRE 9

Vos clients voient les choses différemment

Comprendre le point de vue du client

Nous devons comprendre notre entreprise en la regardant de l'extérieur, du point de vue du client. C'est très difficile à faire, donc il est plus simple de demander aux clients comment ils voient les choses. La qualité n'est pas objective, c'est une notion subjective. La qualité est un système de management d'entreprise qui fonctionne. Mais, c'est bien le client qui décide de comment on définit la qualité. Il peut être très coûteux de ne pas voir le point de vue du client, en particulier quand d'autres cultures ou d'autres langues sont en jeu.

Le nom d'une entreprise doit plaire aux clients, pas au fondateur. Ne choisissez pas un nom que les clients ne peuvent pas comprendre, prononcer ou écrire. Choisissez un nom d'entreprise que les clients aiment. Et si, malgré votre nom d'entreprise, les clients continuent à vous recommander personnellement, alors il se peut que cela soit vous, la marque.

49- L'œil du client

Le poète écossais Robert Burns a écrit : « Oh qu'un pouvoir supérieur nous fasse le cadeau de nous voir comme les autres nous voient ! ».

Si seulement nous pouvions voir notre entreprise comme la voient les clients. Regardez les choses du point de vue du client est un des préceptes les plus importants du marketing. Mais c'est extrêmement difficile, parce que nous nous situons à l'intérieur de la machine, pas à l'extérieur comme les clients. Nous connaissons notre entreprise dans tous ses détails, et nous en savons trop. Il est donc très difficile pour nous d'adopter le point de vue du client, mais nous devons au moins essayer.

Demandez à vos clients comment ils voient votre entreprise. Trouvez des occasions d'écouter vos clients en utilisant des questionnaires, des fiches de commentaires ou tout simplement en leur demandant de vous aider à voir votre entreprise comme ils la voient.

Points Clés

Essayez de regarder votre entreprise de l'extérieur. C'est très difficile à faire donc demandez à vos clients de vous aider.

À vous de jouer

• Récoltez de nouvelles idées sur votre entreprise en posant des questions à vos clients, et à vos clients potentiels.

• Faites l'exercice, pendant 1 mois, de demander à 5 personnes ce qu'elles pensent de votre entreprise.

Voir aussi

50- La qualité, mais pour qui ?

Je fus à un moment de ma carrière le consultant d'une bibliothèque en braille, une association caritative qui traduisait des livres en braille pour les prêter aux clients malvoyants. Un lecteur se plaignit qu'il fallait au moins 3 mois pour qu'un livre soit traduit après sa publication en poche : il voulait lire les livres en même temps de sa femme qui était voyante. Il demanda qu'une version rapide des livres de poche soit publiée en braille. La bibliothèque refusa car, pour eux, la qualité était importante. Il ne voulait pas mettre en jeu leur réputation d'ouvrages de qualité en publiant une traduction qui n'était pas parfaite. Et, puisqu'il faut plusieurs semaines pour traduire correctement un livre en braille, le lecteur devrait attendre. Dans sa réponse, le lecteur argumenta que pour lui, la rapidité était une question de qualité. Il leur dit qu'il préférait avoir une version imparfaite, avec des erreurs typographiques, mais plus rapidement qu'une copie parfaite des semaines plus tard, afin de pouvoir partager le moment avec sa femme. En fin de compte, la bibliothèque décida d'offrir deux versions de livres en braille, dont une première version imparfaite, et de laisser le lecteur choisir.

C'est le client qui devrait décider ce qui constitue la qualité, pas le fabricant.

Finalement, qu'est-ce que la « qualité » ? Une des définitions est « l'adéquation à un usage ». En utilisant cette définition, nous sommes obligés de regarder les choses du point de vue du client. Donc une fourchette en plastique donnée gratuitement avec un repas à emporter est de meilleure qualité qu'un couvert en argent dans cette situation. L'appareil photo inclus dans un téléphone portable est d'un certain point de vue de meilleure qualité qu'un appareil photo standard si nous prenons en compte les questions de disponibilité, accessibilité et facilité d'utilisation. La vidéo prise par un téléphone portable, certes floue mais qu'on peut montrer au journal télévisé, est de meilleure qualité que le film parfait d'une équipe de télévision qui n'était pas sur place et a raté l'occasion.

Une agence de production de films me dit un jour que leur vraie expertise était la réalisation de longs documentaires de qualité. Mais certains clients voulaient un film à budget plus réduit. Ils leurs répondirent qu'ils ne pouvaient compromettre la qualité de leur produit et donc refusèrent le travail. Nous débattîmes de la notion de « qualité ». Pour moi, un court métrage pouvait être produit avec le même niveau de qualité, mais avec un budget plus réduit. Le tournage pouvait être rendu plus économique en limitant le nombre d'endroits filmés, en planifiant soigneusement, et en manageant le projet avec des paramètres précis. Ils en discutèrent un bon moment avant de me donner raison. Ils proposent maintenant des courts métrages qui répondent aux besoins du client en termes de budget, et qui satisfont leurs critères de qualité comme réalisateurs.

Quand on parle de qualité, il est important de décider quelle est la définition de qualité qui est la plus importante, la vôtre ou celle du client ?

Points Clés

La qualité n'est pas une notion objective mais subjective. La qualité peut être définie comme « l'adéquation à l'usage », la pertinence à l'usage. En fin de compte, c'est le client qui décide comment la qualité est définie.

À vous de jouer

- Essayer d'éviter de tomber dans le piège de définir la qualité seulement du point de vue du fabricant. Demandez aux consommateurs leur opinion sur la qualité. C'est ce qui est le plus important.

- Organisez un groupe de réflexion avec vos clients pour leur demander les qualités qu'ils apprécient le plus dans votre produit.

Voir aussi

16- Valeurs, Passions et Style Personnel 48

51- Qu'achètent-ils en réalité?

J'ai travaillé avec une compagnie de théâtre qui réalise des projets, souvent payés par les pouvoirs publics, avec des groupes de différentes associations. Leurs projets sont soigneusement créés pour conserver des qualités artistiques, ce qui fait leur fierté. Mais, après réflexion, ils se sont rendus compte qu'ils gagnent leurs contrats pour des raisons différentes. Ils ont du succès non à cause de la qualité de leur théâtre, mais parce qu'ils arrivent particulièrement bien à faire participer les associations de quartier. Ils travaillent avec les communautés marginales et les jeunes gens vulnérables, des groupes traditionnellement vus comme « difficiles ». Malgré cela, la compagnie théâtrale est capable de les engager et de les inspirer à travers ses projets. Leur spécialité est là et c'est ce que les clients achètent vraiment. C'est la raison pour laquelle ils reçoivent des financements aux dépens de leurs concurrents. En plus de ça, ils peuvent fournir les preuves dont les pouvoirs publics ont besoin pour justifier leur engagement envers la communauté. Au début, ils pensaient que cette administration était un inconvénient nécessaire, mais ils reconnaissent maintenant que c'est un des piliers de l'offre qu'ils proposent aux clients.

Que proposez-vous véritablement à vos clients? Ou, en regardant les choses du point de vue du client, qu'est ce que le client achète vraiment ? Cela a l'air d'une question bête, parce qu'il y a toujours une réponse facile- une réponse de premier niveau. Mais les choses sont bien plus complexes que cela car, plus que la transaction principale, d'autres valeurs peuvent être proposées dans l'achat, moins visibles.

Nous savons tous que Harley Davidson vend des motos. Mais c'est pour moi un exemple parfait de réponse de premier niveau. Donc que vendent-ils vraiment ? Un cadre dirigeant de Harley Davidson a été cité disant : « Ce que nous vendons, c'est la possibilité pour un comptable de 43 ans de s'habiller en cuir noir, de débarquer dans une petite ville et de voir les gens avoir peur de lui ». En d'autres termes, ils vendent une solution à la crise de la quarantaine. Ils vendent au client l'expérience de prétendre, pour un weekend, être un Hells Angel. On pourrait même dire qu'au lieu de vendre un sentiment de bien-être, ils vendent un sentiment de mal-être.

La compagnie de création de mode Dialog, basée à Hong Kong, décida de créer et de vendre des t-shirts comme projet caritatif au bénéfice des victimes de catastrophes naturelles. Ils appelèrent ces t-shirts « Hope Tees » à cause de l'espoir que les bénéfices de ce projet allaient apporter aux communautés. Ils emballèrent les t-shirts avec une note expliquant l'histoire du projet. Après quelques temps, en étudiant leur marché de manière très informelle, ils se rendirent compte que nombre de gens qui avaient achetés les t-shirts ne les avaient pas portés ou n'avaient parfois même pas ouvert l'emballage. Cela les intrigua et ils posèrent plus de questions à leurs clients. Ils découvrirent que les clients achetaient les t-shirts pour supporter le projet, pas pour les porter. En fait, les clients n'achetaient pas un vêtement mais de l'espoir. L'article que j'ai écrit à ce sujet est appelé : « Vendre de l'espoir dans un t-shirt »[14].

Nous avons tous besoin de comprendre de manière pertinente ce que le client veut vraiment acheter. Nous devons comprendre ce que le client définit comme qualité et ce qu'ils apprécient. Nous devons comprendre ce à quoi le client apporte de l'importance. Pour cela, nous devons écouter le client.

Points Clés

Ce que le client achète vraiment peut être très différent de ce que vous croyez lui vendre.

À vous de jouer

• Regardez au delà des apparences et cherchez à comprendre ce que le client vous achète vraiment.

• Engagez un consultant extérieur pour interroger vos clients sur ce qu'ils apprécient vraiment dans votre produit.

---

14 www.tss-ideasinaction.com

Voir aussi

52- Comment inverser son message publicitaire

Une publicité pour du produit ménager avait simplement trois images : une image de linge sale, une image de machine à laver utilisant le détergent, et une pile de linge propre. C'est un concept très simple et efficace. Le seul problème était que la publicité était destinée à un pays du Moyen-Orient, où les lecteurs lisent de droite à gauche. À cause de leur incapacité à voir les choses comme un lecteur arabe, la société avait inversé le message publicitaire. Tout cela parce que la publicité avait été créée par des européens pour qui tout le monde écrit et lit de gauche à droite. Pour moi, cela révèle un vrai manque d'intérêt pour la culture du marché cible.

Il y a trop d'exemples d'erreurs faites par des entreprises qui ont oublié de regarder les choses du point de vue du client. Ne pas comprendre les autres cultures et les autres langues crée de nombreux problèmes.

Une entreprise américaine allait lancer une nouvelle marque de bière au Royaume Uni, appelée Ambrosia. C'est après tout le nom du nectar des Dieux, donc à priori un bon nom. Mais au Royaume Uni, Ambrosia est une marque de riz au lait en conserve. Et la quasi-totalité de la population a mangé du riz au lait Ambrosia à un moment ou à un autre de son existence. Pour un client britannique, Ambrosia veut dire riz au lait. Heureusement pour le groupe américain, le directeur général avait un collaborateur britannique qui lui expliqua les choses, et le nom de la marque fut changé à temps.

Il peut être fatal d'assumer que nous connaissons le client. Nous ne savons probablement pas ce qu'un client pense d'un nom de marque, comment ils définissent la qualité ou comment ils lisent. Demander à un lecteur arabe son opinion sur la publicité pour cette machine à laver n'aurait pas coûté grand chose. Ce n'était pas une question d'argent mais d'attitude. Une simple étude de marché avait été bloquée non par une question d'argent mais d'arrogance. Nous devons prendre la bonne attitude. Nous devons partir du point de départ que les clients peuvent savoir quelque chose que nous ignorons.

Points Clés

Ne pas regarder les choses du point de vue du client peut être une erreur très coûteuse, en particulier quand d'autres cultures ou d'autres langues sont en jeu.

À vous de jouer

• Changez la politique de communication de l'entreprise pour vous assurer que toutes les communications sont avant tout testées avec des vrais clients.

• Si vous allez rencontrer d'autres cultures ou d'autres langues, faites en sorte de contacter quelqu'un qui est originaire de ce coin ou un membre de la communauté cible. Intégrez le dans vos systèmes.

Voir aussi

53- L'avantage de l'étranger

Je trouve parfois que je suis plus recherché à l'étranger que dans mon propre pays. À l'étranger, je suis considéré comme une nouveauté, je sors de l'ordinaire. C'est ironique que je ne sois pas considéré comme un conférencier international en Angleterre, alors que je suis invité à parler à des conférences dans le monde entier, en Chine, en Suède, au Chili, en Russie ou en Corée.

Bien sûr, travailler à l'étranger engendre des complications. Mais cela a aussi de très grands avantages. Parfois l'étranger peut être plus attirant, plus exotique. Les produits étrangers peuvent paraître plus « cool ».

C'est ce que j'appelle « l'avantage étranger ».

Être étranger peut avoir des avantages dans certaines circonstances. Jouez sur vos forces. Ou plutôt, déployez vos caractéristiques là ou elles deviennent des forces. Le fait d'être ordinaire sur votre sol natal peut vous rendre exotique à l'étranger.

Points Clés

Parfois, le simple fait qu'un produit est étranger le rend plus attrayant. Il est possible que votre entreprise et vos produits soient plus intéressants en dehors de votre pays d'origine.

À vous de jouer

• Trouvez un moyen de découvrir ce que les clients dans d'autres pays pensent de vos produits.

• Prenez une carte et faites une liste des territoires dans votre pays ou à l'étranger où votre produit pourrait être bien reçu.

Voir aussi

54- Votre nom d'entreprise n'est pas pour vous

Votre nom d'entreprise, ou votre marque, est pour vos clients, pas pour vous. Je suis très étonné quand je vois un nom d'entreprise que je ne comprends pas, que j'ai du mal à épeler ou que je ne peux pas prononcer. Parfois, quand je demande des explications aux gérants, ils me disent que le nom est une blague entre eux, ou une référence à une expérience personnelle, ou un mot de jargon qui n'a de sens que pour ceux qui travaillent dans l'entreprise. Certains noms de marques sont aliénants et déroutants pour tous ceux qui sont en dehors de l'entreprise, y compris les clients.

Nous avons tous vécu l'expérience de nous retrouver dans une situation inconfortable où on ne comprend pas une blague, ou quand nous ne comprenons pas ce qui s'est passé dans une situation sociale. C'est exactement ce que les clients ressentent quand ils ne comprennent pas le nom de votre marque. Si vous voulez que vos clients se sentent embarrassés, ou même aliénés, alors choisissez un nom de marque qui marche pour vous- et pas pour eux.

Vous ne ferrez jamais une telle erreur si vous passez ne serait-ce que quelques secondes à considérer votre nom d'entreprise du point de vue du client. Pour moi, un nom d'entreprise difficile n'est qu'une indication du manque d'intelligence des gérants, mais est révélatrice de leur conviction que leur entreprise est à la base pour eux seuls, et non pour les clients. Et cela me fait peur pour eux. Si une entreprise n'a aucun intérêt pour le client, elle est vouée à l'échec.

Une marque est beaucoup plus que votre nom d'entreprise et/ou un logo. Une marque est une promesse aux clients, et un message consistant que vous leur apportez chaque jour. Une marque est définie par son action vers le client à chaque contact. C'est la « personnalité » de votre entreprise, sa façon de parler et son ton de voix. Cela comprend tout, de comment on répond au téléphone, à comment les livraisons sont emballées.

Avoir une stratégie marketing solide vous aidera à développer une marque qui fonctionne pour vos clients. Votre cible doit comprendre clairement ce que l'entreprise représente. Donc, moins vous avez de produits, ou la plus uniforme votre ligne de produits est, plus le client va comprendre ce que vous faites. On ne voit pas beaucoup d'entreprises dans les industries créatives et numériques qui embrouillent le client en offrant des services et produits non intégrés, tout simplement parce que ces entreprises ne survivent pas bien longtemps.

D'un autre côté, les marques qui tiennent le plus longtemps sont celles qui sont complètement claires sur leur expertise, leur place dans le marché, ce qu'elles font et ne font pas, et les messages clés qu'elles cherchent à transmettre à leur cible.

Dans mon histoire de Julie la Joaillère (voir le chapitre 57- les 3M du Marketing), nous reconnaissons que, pour le client, Julie avait deux entreprises. En regardant chacun de ses marchés et en considérant les mots clés qui constituaient le message marketing pour chaque, nous avions réalisé que ces deux marchés avaient besoin de marques différentes. D'un côté, le message parlait d'élégance, d'exclusivité et de prix élevés. De l'autre, le message parlait de couleur, de fantaisie et de tendance de mode. Il est facile de voir que les marques les plus appropriées, basées sur les différents messages, seront deux marques distinctes.

Points Clés

Les noms de marque sont destinés à la cible, pas à l'entreprise. Ne choisissez pas un nom que vos clients ne vont pas pouvoir comprendre, prononcer ou écrire. Choisissez un nom qui fonctionne pour le client.

À vous de jouer

- Demandez à vos clients ce qu'ils pensent de votre nom de marque. Encore mieux, demandez à des gens qui ne sont pas des clients ce qu'ils pensent que votre marque représente. Considérez changer votre marque. Ou au moins adopter un slogan qui explique ce que vous faites.

• Faites une liste de 5 clients et de 5 individus ou entreprises qui ne sont pas clients actuellement (par exemple, qui appartiennent à votre cible ou des anciens clients). Demandez à ces dix personnes de commenter votre marque.

Voir aussi

55- C'est peut être vous la marque

En réalité, pour les petites entreprises, la marque devient souvent la personne. Comme une marque n'est pas seulement un nom, mais comprend aussi les messages et les attitudes d'une entreprise, la marque peut être personnifiée par le gérant. Malgré les noms de marque, les clients parlent des petites entreprises en se référant à leur gérant. Les clients observent l'attitude du dirigeant, pas du site internet. Pour une grande entreprise avec beaucoup d'employés, chaque employé représente la marque. Mais quand il s'agit d'une petite entreprise, le gérant est vraiment au premier plan. Le propriétaire représente la marque pour une petite entreprise. Les clients se réfèrent donc souvent au nom du propriétaire plutôt qu'au nom de l'entreprise. Par exemple, quand un client veut trouver un éditeur, je recommande Fiona Shaw, pas son entreprise Wordscape Ltd.

La clé est de voir les choses du point de vue du client.

Qu'est ce que vos clients se disent les uns aux autres ?

Qu'est ce qui est le plus utilisé ? Est ce qu'ils parlent de votre entreprise en utilisant le nom officiel ou le nom du dirigeant ?

Le client est roi. Si tout le monde parle de Fiona Shaw, alors il serait peut-être plus judicieux d'adopter cette marque plutôt que d'essayer d'imposer un nom d'entreprise. Cela ne veut pas dire qu'il n'y a pas de bénéfices à adopter un nom de marque et un logo. Mais pour encourager le marketing viral (le « bouche-à-oreille »), nous devons comprendre langage du client. Si il ou elle emploie le nom de la personne plutôt que le nom de l'entreprise, alors cela montre que la relation personnelle est le plus important pour le client. Si les clients veulent parler de vous plutôt que de votre entreprise, alors il faut faire en sorte que vous soyez bien visible sur le site internet de votre entreprise. Si c'est ce qu'ils veulent, laissez les clients se concentrer sur vous plutôt que sur votre marque.

Écoutez ce que les clients disent. Est-ce qu'ils se réfèrent au nom de l'entreprise ou au nom du dirigeant ?

Points Clés

Malgré votre nom de marque, il se peut que les clients vous recommandent personnellement. Alors c'est peut-être vous la marque.

À vous de jouer

• Découvrez ce qui s'emploie dans votre clientèle. Si les gens parlent de vous plutôt que de votre nom d'entreprise, prenez garde à être présent de manière évidente sur vos communications marketing.

• Faites une recherche rapide auprès de 10 clients pour leur demander s'ils donnent ou reçoivent des recommandations en utilisant le nom de votre entreprise ou le nom du dirigeant.

Voir aussi

Il est fascinant de se pencher sur ce que veulent les autres et de s'immiscer dans l'esprit des clients.

Il n'est pas seulement intéressant de comprendre ce dont ils parlent quand ils se réfèrent à la notion de qualité, et comment ils parlent de votre entreprise, c'est aussi important commercialement.

Comprendre ces mécanismes nous permet de créer des messages très précis à leur attention.

CHAPITRE 10

Communiquer avec précision
Qui devrait dire quoi, à qui et quand

Votre entreprise a probablement plusieurs marchés ou cibles bien distincts et chacun a besoin d'entendre un message ciblé, approprié à ses besoins. La technique des 3M nous force à réfléchir aux communications marketing dans le bon ordre : le Marché, puis le Message, et finalement le Média.

Les avantages et les inconvénients d'un type de média ne peuvent être évalués que dans le contexte des objectifs de l'entreprise, de la hiérarchie des marchés et des messages clés.

Les clients parlent entre eux comme jamais auparavant. Le « bouche-à-oreille » est électronique, rapide et mondial. Les professionnels de la publicité ne contrôlent plus le message, c'est le client qui a le pouvoir. On peut seulement être ouvert et leur donner des histoires à raconter. Écouter est une partie cruciale du processus de vente. En écoutant, vous pouvez répondre plus judicieusement aux besoins et aux envies du client.

La stratégie marketing est la responsabilité des dirigeants, et donc le directeur général est le directeur marketing. Ce n'est pas facile mais c'est important. Au final, c'est pour cela que les directeurs généraux perçoivent de si hauts revenus.

56- Des marchés différents

Stan's Café est un groupe de performance théâtrale basé à Birmingham au Royaume Uni. J'ai déjà parlé d'eux dans mon Guide des Industries Créatives, Culturelles et Digitales[15]. Les directeurs du Stan's Café reconnaissent qu'ils ont trois types distincts de clients :

1. Les spectateurs qui achètent leurs tickets.

2. Les producteurs qui accueillent les artistes et organisent la promotion du spectacle

3. Les sponsors, mécènes et autres parties concernées

Chaque public a des intérêts distincts et a besoin de connaître des informations différentes. Donc en clarifiant la distinction entre ces trois types de clients, Stan's Café reconnaît qu'il doit communiquer des messages différents à chacun. Le média qu'ils utilisent pour communiquer doit être approprié à chaque cible et au message.

Le marketing de précision nous aide à identifier les marchés cibles pour chaque produit et à communiquer le plus clairement possible vers chaque public spécifique. Il y a même souvent plusieurs marchés pour chaque produit.

Bien sûr, nous le faisons déjà de manière instinctive, sans utiliser de techniques particulières. Nous savons que nous allons devoir parler de manière différente aux salles de spectacles et aux spectateurs. Nous savons que nos communications vers les parties concernées, comme par exemple un conseil d'administration, doivent être différentes du matériel promotionnel utilisé pour attirer le public. Cependant, l'avantage d'être plus méthodique est que nous n'allons pas rater d'opportunités, nous de faisons pas d'erreurs, et nous de faisons pas de compromis sur nos communications. De cette manière, toutes nos communications marketing sont claires, ciblées et précises.

---

15 www.creativeindustriesguide.com

Points Clés

Votre entreprise a sûrement plusieurs marchés ou publics différents. Chacun a besoin d'entendre un message différent, ciblé sur ses besoins.

À vous de jouer

• Identifiez les différents types de publics pertinents pour votre entreprise. Décidez ensuite des messages clés les plus appropriés pour chacun. Finalement, choisissez le média le plus efficace pour communiquer avec eux.

Voir aussi

57- Les 3 M du Marketing

Julie, une joaillière, me demanda un jour des conseils en marketing. Elle avait un budget très limité pour ses communications marketing et n'arrivait pas à décider si elle devait investir dans un nouveau site internet ou imprimer une brochure pour mieux promouvoir ses produits. Elle me demanda mon avis. Quand je fais un atelier, je pose souvent cette question aux participants. Certains trouvent qu'un site internet est mieux, car plus flexible et facile à mettre à jour quand de nouveaux produits ou prix sortent. D'autres préfèrent une brochure imprimée car elle est mieux à même d'illustrer les bijoux en vente. Il y a donc une discussion et nous votons.

Le problème était que la question de Julie était la mauvaise question

La question de Julie était centrée sur le media, pas le message ou le segment du marché. Parfois, le travail d'un consultant en management est de reformuler les questions, ou de recadrer le problème. Et c'est ce que je fis. Je posais donc des questions à Julie sur son entreprise et sur le type de bijoux qu'elle créait. Je lui posais ensuite des questions sur ses clients, ses cycles de vente, ses prix, ses méthodes de distribution et d'autres aspects de son entreprise.

L'entreprise de Julie était relativement simple. Elle créait et fabriquait des bijoux précieux en argent, mais aussi des bijoux fantaisie en acrylique de couleurs vives. Elle adorait les deux produits de manière égale, et les deux représentaient sa créativité, son savoir faire et son œuvre. Elle me dit que ses clientes étaient divisées en deux catégories distinctes : d'un côté, des femmes aisées, d'un certain âge, et de l'autre des adolescentes. Bien sûr, les clients pour les bijoux précieux étaient les femmes mûres, et celles pour les bijoux fantaisies étaient les adolescentes.

À bien des égards, Julie avait deux sociétés. Pour elle, c'était une seule entreprise. Elle avait un seul atelier, un nom de marque, et un compte en banque. Mais en regardant son entreprise du point de vue du client, elle avait deux identités. Et c'est une distinction cruciale.

Je travaillais donc avec Julie en utilisant la technique des 3M.

Nous nous penchâmes en premier lieu sur son activité de bijoux précieux en argent.

Quel était alors le marché ? C'était clairement les femmes d'un certain âge. Je lui demandais alors quel était le message que nous voulions passer à ce public sur ce produit. En ciblant précisément les questions, nous pûmes générer de bonnes réponses comme « élégant », « exclusif », « fait-main », « cher », « classique », etc. Ces mots sont de bons mots clés qui deviendront la base de notre message marketing. Ils sont au cœur de ce que nous voulons dire. Finalement, nous considérâmes le media. Quel était le moyen le plus approprié de faire parvenir notre message d'élégance à ces clients précis?

Pour en décider, nous devions comprendre le client- voir le monde de son point de vue. Quelles sont les habitudes de ces femmes ? Comment se comportent-elles ? Quelles sont leurs préférences? En qui ont-elles confiance ? En qui croient-elles ? Il fallu aller leur demander. Par conséquent, nous arrivâmes à la conclusion que le moyen le plus approprié de transmettre ce message était un article ou une publicité dans un des magazines féminins que cette cible lit. Ces magazines sont en phase avec leurs préférences personnelles. Ayant donc pu considérer le produit, identifier le marché et créer un message, nous arrivâmes à la conclusion que le meilleur moyen de transmettre le message était d'être présent dans un de ces magazines.

Après ça, nous nous consacrâmes au deuxième produit, les bijoux fantaisies en acrylique coloré. En utilisant la même technique des 3M, nous nous demandâmes en premier lieu quel était le marché cible pour ces bracelets et ces colliers, et nous savions que le marché était les adolescentes. Nous regardâmes alors le message. Je demandais à Julie quels mots clés elle utiliserait pour communiquer son produit à ces adolescentes. Elle choisit « Plaisir », « Peu cher », « Coloré » et « Tendance ». Finalement, nous nous penchâmes sur le dernier M, le media. Quel était le moyen le plus approprié pour porter ce message aux adolescentes ? Nous fumes forcés d'imaginer le comportement des adolescentes, leur façon de vivre et les media qu'elles utilisent et auxquels elles font confiance. En regardant les choses de cette façon, nous arrivâmes à la conclusion que les réseaux sociaux, comme Facebook, Twitter et les textos étaient les médias les plus appropriés.

C'est un exemple simple de l'efficacité de la méthode des 3M du Marketing. Le Marché, le Message et le Media, et, crucialement, dans cet ordre et pas dans un autre. En considérant chacun des 3M dans le bon ordre, nous sommes guidés vers les bonnes décisions pour nos communications marketing.

En premier lieu, nous devons choisir les marchés cibles. Ou plus précisément, les différents marchés cibles qui correspondent à un produit ou un service particulier. Donc, il se peut que pour chaque produit nous ayons 4 ou 5 segments de marché.

Ensuite, pour chaque segment de marché, nous devons décider du message. À ce stade là, il s'agit juste de l'essentiel du message, les mots clés, etc. La rédaction du message se fera plus tard. Prenez note qu'il est possible, même probable, que nous ayons, pour le même produit, des messages différents pour chaque segment du marché. Par exemple, certains achètent un produit à cause de son confort et d'autres à cause de son style.

Finalement, nous devons considérer le moyen le plus approprié, le media, de transmettre le message au public cible. Encore une fois, selon le public en question, nous choisirons différents types de médias pour transmettre le même message (ou des messages différents) à différents types de clients.

Cette méthodologie fait en sorte que nous mettons en place des communications claires et précises pour chaque public cible, pour chaque produit ou service. En utilisant la méthode des 3M pour notre plan de communication, nous créons un plan basé sur des axes de communications précis, plutôt qu'un fouillis de messages différents lancés dans tous les directions à des types de clients complètement différents.

J'utilise cette méthodologie dans mes ateliers de formation et dans mon activité de conseil avec mes clients. J'utilise tout d'abord des études de cas et des exemples d'autres types d'entreprises pour illustrer le fonctionnement de ces techniques.

Une des raisons pour lesquelles la technique des 3M marche si bien est qu'elle nous force à considérer le moyen utilisé pour transmettre nos communications marketing seulement après avoir décidé du public cible et du message. Quand on n'utilise pas cette méthode, ce qui arrive souvent, le média est décidé trop tôt dans le processus. Il est possible, par exemple, que l'entreprise ait un enthousiasme particulier pour les réseaux sociaux, ou qu'il y ait une offre spéciale chez les imprimeurs du coin qui nous incite à produire des prospectus, ou que nous voulions faire une publicité radio parce que nous vu une autre entreprise utiliser ce média très efficacement.

C'est pour ces raisons que les communications marketing partent à la dérive. Les prospectus sont imprimés sans vraiment savoir où les distribuer. La question de la distribution arrive après coup car c'est le dernier maillon du processus de création/ impression/distribution. En réalité, le processus devrait commencer avec le client à l'esprit, et donc à qui nous nous adressons. Nous travaillons ensuite à rebours pour décider du message ou du public particulier, et finalement de comment transmettre le message à cette cible. En suivant cet ordre, nous arrivons à des conclusions bien plus utiles sur le type de moyen de communication à employer.

« C'est facile ! C'est tout simplement du bon sens ! ».

C'est en général ce que tous les participants à mes ateliers finissent par dire. Mais je leur réplique que leurs nouvelles solutions sont radicalement différentes de leurs solutions initiales. Je leur rappelle qu'auparavant, ils débattaient de pourquoi une brochure en couleur ou un site internet était la meilleure solution.

C'est seulement parce que nous étions guidés par la technique des 3M, une question après l'autre, que nous sommes arrivés à des conclusions qui tombent sous le sens. Sans les 3M, nos réponses étaient imprécises, discutant du mérite de divers média en général, sans les considérer dans le contexte du secteur ou de l'entreprise de Julie, de ses produits et de ses marchés cibles.

Si vous utilisez vos ressources de manière efficace – si vous voulez être clairs envers vos clients, et si vous voulez augmenter vos ventes et vos bénéfices- alors vous devez être plus précis dans vos communications marketing.

Points Clés

La technique des 3M nous force à penser aux communications marketing dans le bon ordre : Marché, Message et Moyen.

À vous de jouer

• Utilisez la méthode des 3M pour passer en revue vos communications marketing.

Voir aussi

58- Tweeter ou Ne Pas Tweeter, telle est la question

« Vous devriez utiliser plus votre compte Twitter » me dit Patrick, un consultant en média sociaux à qui je parlais à une soirée de mise en réseau pour entreprises créatives et digitales. Il me parla de plusieurs de ses clients qui avait augmenté leurs ventes en utilisant Facebook, Twitter et autres réseaux sociaux. Enthousiaste, il conseillait à tout le monde de joindre la révolution des réseaux sociaux. Le seul problème était que Patrick ne m'avait pas demandé quels étaient mes objectifs, ou qui étaient mes clients cibles, ou quels étaient les messages que je voulais leur transmettre. Pour moi, la valeur d'un média ne peut être évaluée qu'en relation avec le marché cible et le message précis à leur communiquer. Twitter peut être ou peut ne pas être le meilleur moyen à utiliser dans une circonstance particulière. Cela ne vaut pas la peine d'écouter quelqu'un qui essaie de vous faire adopter un moyen de communication sans vous demander auparavant des détails sur votre cible et vos messages. Même si le média qu'ils vous vendent est très séduisant. J'arrêtais d'écouter et je pris poliment congé

Comme je travaille avec des entreprises dans l'industrie des média, j'entends souvent des conversations sur les mérites d'un certain média ou d'un autre pour les communications marketing. Cela peut être un enthousiasme pour les vidéos en ligne, les blogs, les réseaux sociaux, la pub télévisée ou les livres électroniques. Ces discussions n'ont aucun sens hors du contexte d'une entreprise particulière, de ses produits et de son marché.. Tout dépend de sa pertinence à transmettre un message précis à un public précis.

Nous ne pouvons avoir une vraie conversation sur les avantages et les inconvénients d'un moyen de communication particulier que si nous avons une idée claire sur notre stratégie marketing.

Points Clés

Les avantages et les inconvénients de tout moyen de communication ne peuvent être évalués que dans le contexte des objectifs de l'entreprise, de la hiérarchie des marchés et des messages clés.

À vous de jouer

- Méfiez vous des conseils de ceux qui vous disent quels médias utiliser pour votre marketing. Insistez en premier sur le fait qu'ils vous donnent un petit résumé de vos objectifs d'entreprise, de vos marchés et de vos messages clés. C'est seulement avec ces informations qu'ils peuvent expliquer de manière logique pourquoi un moyen de communication est meilleur qu'un autre.

Voir aussi

59- Comment être un bon vendeur

Un jour, j'ai accompagné une amie acheter une voiture. Elle avait vendu sa maison récemment, donc elle avait assez sur son compte pour acheter une voiture immédiatement. Elle n'avait pas besoin d'un prêt et espérait donc obtenir une bonne remise. Nous arrivâmes chez le concessionnaire et fûmes accueillis par un vendeur qui commença directement son argumentaire de vente. Il nous dit que sa concession proposait des taux à 0% pour un prêt sur une voiture achetée avant la fin du mois, que les papiers pouvaient être signés très rapidement et nous donna la durée des remboursements. Quand il eut fini sa tirade, et avant qu'il en commence une autre, mon amie tourna les talons et quitta le concessionnaire.

Les termes de prêts automobiles n'avaient aucun intérêt pour elle. Elle était offensée que le vendeur ne lui ait même pas demandé ce qu'elle voulait. Ce n'est pas seulement impoli, c'est mauvais pour les affaires. Ce vendeur n'avait prêté aucun intérêt à ce que la cliente voulait. Il était obsédé par sa commission sur un crédit 0%, que le client le veuille ou non. Si ce vendeur avait écouté juste un petit instant, il aurait complètement changé son approche. Il n'aurait pas perdu son temps, et celui du client, en parlant de crédit 0%. Au lieu de çela, il aurait offert une remise sur le prix de vente. Et il aurait peut-être vendu une voiture.

Le stéréotype du vendeur est une sorte de VRP en costume, complètement sous pression, qui parle vite et bien et qui sait entourlouper les clients. Il leur parle jusqu'à ce qu'ils achètent ce qu'il veut. En fait, contrairement à cet à priori, les meilleurs vendeurs commencent par écouter. Parce qu'ils écoutent, ils comprennent ce que le client veut. C'est seulement après ça qu'ils parlent pour offrir au client quelque chose qui correspond à ses besoins et ses désirs.

Un autre exemple vécu. J'étais invité à déjeuner avec un client potentiel, Simon. J'avais entendu dire que son agence de développement des entreprises considérait promouvoir la réimpression d'un de mes livres. J'étais très excité par cette idée, donc j'avais dans mon sac des copies du livre et mes notes sur comment on pourrait s'entendre sur un contrat. J'avais préparé dans ma tête comment j'allais expliquer les bénéfices pour leur organisation de réimprimer mon livre, et je me préparais à faire ma propre argumentation de vente.

Nous commençâmes le rendez-vous en parlant de son travail. Je lui demandais quels étaient ses projets récents, et les défis qui l'attendaient. Même si j'avais hâte de me mettre à parler du livre, j'avais décidé d'être plus détendu et de poser plus de questions. Simon me dit qu'ils avaient décidé d'abandonner leur matériel promotionnel sur papier et qu'ils allaient se concentrer sur les médias numériques et la distribution en ligne. Il me dit aussi qu'ils allaient créer un nouveau site internet qui aurait besoin de contenu. Je décidais à ce point de changer complètement de tactique, et laissais mes livres dans mon sac et j'abandonnais mon argument de vente soigneusement préparé. En écoutant ce que nous disions, je me rendis compte qu'un livre imprimé n'était pas ce qu'ils recherchaient. Ils avaient besoin de quelque chose qui aille avec leur nouvelle stratégie numérique, Je suggérais donc de produire des articles et des vidéos basées sur des vraies entreprises avec des entrepreneurs en actions, afin qu'ils les publient sur leur site internet. C'était une offre bien plus appropriée qui reçu une réponse positive. Je gagnais le contrat.

Je me souviens de cette anecdote car ça avait marché si bien, et parce que j'allais faire une exception à ma façon de vendre. J'étais sur le point de faire l'erreur que nous faisons si souvent. Nous parlons plutôt que d'écouter. C'est facile à faire, principalement car nous sommes passionnés par nos produits. Et aussi parce que nous voulons vendre quelque chose. Cela peut se produire aussi parce que nous sommes nerveux, et parfois on parle plus quand on est anxieux. Écouter est plus difficile : cela demande de la restreinte, qui est basée sur la confiance en soi. Ironiquement, quand nous sommes désespérés, nous avons tendance à trop parler et nous avons donc moins de chance de conclure une vente. Alors que quand on parle d'une position de confort, sans avoir désespérément besoin de la vente, il y a plus de chance que nous soyons détendus et que nous écoutions. Cela nous met dans une position plus solide pour répondre de manière appropriée avec le produit ou le service qui correspond aux besoins du client. Et cela rend une vente plus probable.

Points Clés

Écouter est une partie importante du processus de vente. En écoutant, vous pourrez répondre aux besoins et aux désirs du client plus facilement.

A vous de jouer

• Soyez prêt à écouter. Ecoutez vos clients potentiels avant de vous lancer dans votre argument de vente. Et n'oubliez pas d'écouter vos clients actuels sur leurs besoins futurs.

• Prenez l'habitude d'écouter avant de parler. Remarquez les occasions où vous y réussissez.

Voir aussi

60- Vous êtes le meilleur vendeur de votre entreprise

Les entrepreneurs créatifs me disent souvent qu'ils pensent recruter un vendeur pour gagner de nouveaux projets. Ils ont trouvé le budget pour recruter un « directeur du développement » avec un salaire élevé et des bonus. Ils ont besoin de nouveaux contrats mais ils n'ont pas le temps d'aller approcher les clients potentiels eux-mêmes.

C'est une approche qui me laisse le plus souvent sceptique.

Quand nous sommes dans le type d'affaires où il doit y avoir une relation de confiance entre le fournisseur et le client, un nouveau vendeur est rarement à même de gagner la confiance nécessaire. Ils n'ont pas de problème à transmettre au client ciblé l'expertise de l'entreprise, son offre, ses prix et ses services. Mais cette approche est souvent inefficace car le vendeur qui va rencontrer le client n'est pas la personne avec qui le client va traiter par la suite. Le vendeur n'est pas celui en qui le client doit avoir confiance. La personne avec qui le client doit avoir une relation de confiance est l'équipe qui va être disponible dans les bureaux, ceux qui ne vont pas être à la recherche de nouveaux clients. Ils me disent qu'ils n'ont pas le temps de gagner de nouveaux contrats. Et pourtant, le lien le plus important entre le client et l'entreprise est avec le directeur général et avec l'équipe qui livre les produits ou les services de l'entreprise.

Les personnes les plus qualifiées pour gagner de nouveaux contrats auprès des clients sont les dirigeants.

Non seulement ils sont les mieux placés pour parler des compétences de leur entreprise, mais ils personnifient l'entreprise et la relation humaine avec le client. En bref, le client a besoin de pouvoir rencontrer une personne clé de l'entreprise et de valider si elle comprend vraiment ses besoins et si elle fera du bon travail. Cette personne n'est pas un vendeur mais le dirigeant. Il est la personne responsable de la réputation de l'entreprise, de sa performance et il est celui qui personnifie la philosophie de l'entreprise.

Cette tendance à recruter des vendeurs externes vient de la conviction que le marketing ne s'occupe que de gagner de nouveaux clients. En fait, une stratégie marketing efficace va chercher à retenir les clients existants, gagner de nouveaux contrats avec d'anciens clients et à augmenter ce que les clients actuels achètent. C'est plus facile, et donc plus rentable, que de gagner de nouveaux clients. Qui est la personne la mieux placée pour réaliser ce travail ? Le dirigeant. La personne que le client connaît, qu'il a vu travailler, avec qui il aime travailler et à qui il fait confiance. Donc, il m'est arrivé de conseiller à une entreprise de ne pas recruter un directeur du développement commercial. Au lieu de cela, elle devrait utiliser ces ressources pour dégager du temps pour que le directeur général puisse visiter les clients actuels et anciens, et les emmenait déjeuner.

Les directeurs généraux doivent aussi être directeurs marketing. Ils ne sont pas seulement responsables du marketing stratégique, ils sont aussi les meilleurs vendeurs de l'entreprise.

Points Clés

Pensez soigneusement au pour et au contre si vous considérez recruter un vendeur. Le vendeur le plus efficace est probablement le directeur général. C'est encore plus le cas quand vous allez relancer des clients actuels ou anciens pour de nouveaux contrats.

À vous de jouer

• Passez en revue votre stratégie marketing. Est-ce qu'elle est focalisée sur les nouveaux clients, ou est-ce qu'elle s'occupe aussi de gagner plus de contrats avec vos clients actuels et anciens ?

Voir aussi

61- Les clients sont des polylogues

Les clients ont beaucoup de pouvoir.

On ne peut pas contrôler ses clients, et on ne peut pas contrôler ce qu'ils disent. Nous ne pouvons que les guider. Nous devons leur fournir les histoires qu'ils vont disséminer.

Il est intéressant de voir la progression de ce que nous appelons « le marketing ». Il y a 50 ans, la communication marketing n'était que de la publicité à sens unique. C'était un monologue. Les grosses entreprises transmettaient leur message à travers un nombre limité de média à un public passif. Les publicités qui firent leur apparition à la radio, puis à la télévision, étaient un moyen de communication de masse où le publicitaire contrôlait complètement le message. Bien sûr, le bouche à oreille entre clients individuels fonctionnait bien, mais il n'avait pas le même pouvoir que celui des publicitaires s'adressant à la masse.

Quand les entreprises commencèrent à réaliser que leurs clients pouvaient leur apporter quelque chose, le marketing se transforma en dialogue. La communication était ouverte des deux côtés, et le client prit un rôle plus important dans le processus de marketing. Maintenant, ce rôle est beaucoup plus développé, et les clients ont bien plus de pouvoir. Au XXIème siècle, les clients ont accès à internet. Ils peuvent communiquer, non seulement avec leurs voisins mais avec des communautés à l'échelle mondiale. Une campagne en ligne peut bloquer le message ou détruire la réputation d'une grande entreprise ; un blogueur peut mettre une compagnie à genou.

Le bouche-à-oreille est maintenant numérique, instantané et mondial. Nous avons évolués du monologue au dialogue et du dialogue au « Poly-logue ». Le « polylogue » est un mot que j'ai inventé qui veut dire « plusieurs personnes parlant en même temps ». Quel que soit votre message marketing, le fait est que ce seront les clients qui en parleront. Il se peut donc que, face au pouvoir des clients, nous ne puissions qu'être authentique et honnête. Tout mensonge ressurgirait à un moment ou à un autre.

Les clients raffolent d'histoires. Le marketing viral, ou « marketing du buzz » est basé sur la façon dont l'histoire d'un produit ou d'un service se répand sur l'internet. Les gens se racontent des histoires, et nos conversations sont remplies d'anecdotes, pas de slogans. Tout ce que l'on peut faire est de donner aux clients des histoires à raconter. Donnez leur l'histoire véritable de votre marque. Dites leur ce que vous avez fait, où vous avez échoué et comment vous avez rectifié le tir. Parlez de vous et de votre entreprise. Soyez ouvert sur vos passions et vos convictions. Ils s'en rendront compte de toute façon à un moment ou à un autre, donc pourquoi ne pas leur dire maintenant ?

Points Clés

Plus que jamais, les clients veulent se parler. Le bouche à oreille est numérique, instantané et mondial. Les publicitaires ne contrôlent plus le message, ce sont les clients qui ont ce pouvoir. Le mieux à faire est d'être ouvert et de leur donner des histoires à partager.

À vous de jouer

• Parlez à vos clients de vous et de votre équipe, de vos valeurs et de vos ambitions. Et soyez-leur fidèle. Les clients transmettront vos bonnes histoires, mais souvenez vous que les mauvaises histoires iront encore plus loin.

• Ajoutez une section sur votre site internet (et vos autres moyens de communication marketing) dédiée à votre histoire et à celle de votre entreprise, ses valeurs et ses ambitions.

Voir aussi

62- Pourquoi la publicité peut vous faire perdre de l'argent

Un jeune entrepreneur me disait qu'une de ses campagnes de publicité récente avait été un succès car elle avait généré assez de ventes de ses photos pour couvrir le coût de la campagne et un peu plus. Kevin me dit qu'il avait dépensé $10,000 en publicité mais que la campagne avait généré $12,000 de ventes supplémentaires de ses photographies d'art. Kevin était vraiment satisfait de ce résultat.

Je n'étais pas si sûr de ses calculs et je n'étais pas certain non plus que la campagne ait été profitable. Nous devons nous souvenir que le coût d'une publicité, ou de toute autre activité promotionnelle, doit être couvert non pas par une augmentation des ventes, mais par une augmentation des bénéfices.

Je lui demandais le taux de marge sur ces ventes de $12,000, et découvris que le coût de ces ventes s'élevait à $3,000. Cela prenait en compte le coût de production des impressions, l'emballage et les frais d'envoi. Même sans prendre en compte les autres coûts associés et généraux, ses bénéfices étaient inférieurs à $9,000. Il avait dépensé $10,000 pour en gagner $9,000.

Malheureusement, Kevin n'est pas un cas isolé. Beaucoup font l'erreur de comparer le coût de la publicité avec le chiffre d'affaire, plutôt que la marge. Pour décider de manière rationnelle de combien de revenu en plus les efforts publicitaires doivent générer, les entrepreneurs doivent avoir en main des informations financières précises sur le coût complet des produits, services ou projets. Cela veut dire comprendre les finances de l'entreprise en détail et faire les bons calculs.

Points Clés

Ne faites pas l'erreur de justifier vos dépenses publicitaires en mesurant les ventes additionnelles. Les investissements publicitaires doivent être couverts par une augmentation de la marge.

À vous de jouer

- Analysez les coûts associés à chaque produit, service ou projet dans votre entreprise pour pouvoir calculer la profitabilité. Cette information peut être utilisée pour évaluer plus précisément la rentabilité des campagnes publicitaires.

Voir aussi

63- Le marketing est la responsabilité du directeur général

Le marketing n 'est pas un tour de sorcellerie qui fait que les produits et services se vendent miraculeusement. Le marketing n'est pas la responsabilité du service vente. Le marketing stratégique est la responsabilité du directeur général, qui doit s'assurer que l'entreprise marche, et continue à marcher, de manière profitable, en alignant les produits de l'entreprise aux besoins changeants de la cible.

Le marketing fournit une perspective sur l'entreprise entière : c'est la stratégie au sommet qui décide quel produit créer et quels marchés cibler. Quand cette responsabilité fondamentale est ignorée par les dirigeants, parce qu'ils pensent que le marketing n'est qu'une affaire de promotion et de ventes, l'entreprise court à sa perte.

Ces décisions marketing fondamentales sont difficiles à prendre, parce qu'elles ne se soucient pas des extras, de l'inutile, mais sont au cœur même de l'entreprise. Quelqu'un doit décider si les produits et les services de l'entreprise sont assez bons pour le marché cible, qui concurrencer (et qui ne pas), sur quel marché et quels secteurs de marché cibler (et ne pas cibler).

Cela demande beaucoup de réflexion, un bon jugement, une recherche documentée et des décisions difficiles.

C'est pour cette raison que nombre de gens ratent leur marketing-parce que c'est difficile. C'est bien plus simple d'ignorer les problèmes fondamentaux et d'engager plus de vendeurs, ou de mettre la pression sur le service de ventes, ou d'investir dans une nouvelle campagne promotionnelle.

Mais c'est en fait éviter la responsabilité et les questions principales. Quelqu'un doit décider d'une stratégie marketing réaliste et efficace. Ç'est le travail du directeur général.

Points Clés

Le marketing stratégique est une responsabilité de plus haut niveau, et donc le directeur général se doit d'être aussi le directeur marketing. Ce n'est pas facile mais c'est nécessaire. C'est pour cette raison que les directeurs généraux sont si bien payés.

À vous de jouer

• Vérifiez si le directeur général (qui peut être simplement vous-même) a pris la responsabilité de créer une stratégie marketing efficace et réaliste.

• Écrivez votre stratégie marketing noir sur blanc et partagez une version courte avec tous les employés de l'entreprise.

Voir aussi

Pensez clairement aux différents marchés pour être plus stratégique sur votre marketing.

Des méthodes simples mais efficaces comme les 3M du Marketing nous aident à être précis.

Ajoutez à cette précision de l'authenticité en faisant de vos employés et de vous-même les vendeurs principaux, moteurs de votre entreprise.

Cette combinaison puissante de précision et d'authenticité est au cœur du marketing.

Il est maintenant temps de jeter un coup d'œil en arrière et de se souvenir du marketing authentique de Nick l'ébéniste.

Nous avons besoin autant de la stratégie que des moyens de communications

En marketing, il nous faut à la fois de la stratégie et des moyens de communication. Une bonne stratégie qui n'est pas traduite en communication efficace n'atteindra pas ses objectifs. Parallèlement, une communication judicieuse mais qui n'est pas ciblée stratégiquement amusera les clients mais n'amènera pas les ventes voulues.

Des communications marketing exceptionnelles ne pourront pas rattraper un manque de stratégie basé sur la bonne compréhension des objectifs, de la compétitivité et des marchés cibles de l'entreprise.

Il est vital que les communications marketing ne soient publiées qu'après que la stratégie ait été décidée. Cette stratégie fournira un cadre solide pour communiquer sur les marchés cibles, avec des messages précis, délivrés par les médias les plus appropriés.

Le marketing dans son sens le plus complet est complexe, et s'étend sur de nombreuses activités qui connectent, avec des communications efficaces, la stratégie de l'entreprise à sa raison d'être. Pour que cela marche, il faut que l'entreprise entière y participe. Cela demande de travailler avec le côté gauche et avec le côté droit du cerveau. Cela doit débuter dans les bureaux des dirigeants, et se poursuivre avec les employés qui travaillent dans le studio, l'usine ou les bureaux.

Le marketing est à la fois difficile et passionnant. Il peut être logique, et complètement fou à la fois. C'est créatif dans les deux sens du mot. Il utilise la Créativité A et la Créativité I ; la créativité artistique et la créativité au sens plus large. C'est un travail complet de diriger une entreprise, basée sur une compréhension analytique de notre avantage concurrentiel, la sélection soigneuse des clients les plus appropriés et des activités qui correspondent à notre éthique. Cela créera le succès que nous avions envisagé, en phase avec nos valeurs profondes.

Si nous réussissons à créer une stratégie marketing réussie, nos communications marketing auront bien plus de chance d'être efficaces. En fait, si nous faisons les choses correctement dès le départ, grâce à notre stratégie marketing, les communications marketing seront relativement faciles et nous n'auront pas besoin de faire de la vente offensive.

Le plus dur est de penser la stratégie. Oui, réfléchir est la partie la plus difficile du processus. N'essayez pas de l'éviter et de choisir l'option facile d'être occupé à ne rien faire.

Travaillez dur sur votre stratégie marketing et tout le reste sera facile.

Pensez intelligemment. Soyez rationnel- et ensuite, si besoin est, soyez fous.

Et maintenant

Vous avez fini ce livre, mais travailler sur votre marketing n'est jamais fini. On peut toujours améliorer les choses. Et nous vivons dans un monde en changement constant : les besoins des clients changent avec le temps, de nouveaux concurrents émergent, le monde change autour de nous. On ne peut pas se permettre d'être complaisant.

Ce n'est donc pas la fin. Et nous n'en avons pas fini d'appliquer des principes de stratégie marketing à nos entreprises. Ce n'est même pas la fin du livre car il était conçu pour être lu de façon non linéaire. Référez-y vous fréquemment, pour provoquer de nouvelles idées ou penser à des techniques nouvelles. Suivez les liens vers d'autres sections et vers les liens externes.

Dites moi comment le marketing stratégique a aidé votre entreprise à réussir. Je suis toujours à la recherche d'études de cas et d'exemples de bon marketing pour mes articles et mes livres. Envoyez-moi un email à david@davidparrish.com.

Si je mentionne votre expérience dans d'autres éditions de ce livre ou ailleurs, je mentionnerais votre entreprise et inclurais un lien vers votre site internet autant que possible.

Parlez de ce livre à vos collègues, contacts et amis si vous l'avez trouvé utile.

Et si vous voulez, écrivez une critique sur le livre. Pour voir les autres commentaires et pour accéder au lien pour les critiques sur différentes plateformes, allez sur la page «Chase One Rabbit »[16] de mon site.

Vous pouvez également lire mon autre livre : «Tshirt and Suits : A Guide to the Business of Creativity » en poche[17] ou gratuitement comme livre électronique[18].

---

16 www.chaseonerabbit.com

17 www.tss-book.com

18 www.tss-ebook.com

Partagez vos succès marketing et tirez des leçons et des expériences des autres entrepreneurs sur le réseau des entreprises créatives Tshirts and Suits[19] et nos groupes Facebook[20], LinkedIn[21] et Google+[22].

Téléchargez et partagez les ressources de développement d'entreprise gratuite disponible sur mon site internet[23].

Pour plus d'information sur mon activité de conseil, mes formations et mes allocutions à l'étranger, voir *www.davidparrish.com*

Je vous souhaite d'utiliser le marketing stratégique avec énormément de succès dans votre entreprise.

---

19 www.tss-cen.com

20 www.facebook.com/groups/2404983690/

21 www.linkedin.com/groups?gid=1944668

22 https://plus.google.com/114412479781472674998/about

23 www.tss-freestuff.com

Remerciements

Je voudrais remercier tous ceux qui m'ont aidé à écrire ce livre.

Fiona Shaw a été mon éditrice et ma chef de projet et un encouragement constant pour la période où le livre s'est transformé de simple idée en produit fini. Ce livre ne pourrait exister sans son aide professionnelle et son appui amical. Merci Fiona.

Plusieurs personnes ont généreusement accepté de lire les premières versions du livre et de partager leurs commentaires, et bien d'autres collègues et amis m'ont aidé de façons différentes. Je veux citer, en autres:

Shelley Jayne Crawford, Jonthan Gibaud, RobKinsley, Christopher Moss, Alun Parry, Jan Peters, Cathy Skelly, Gary Smailes, Judith Mansell, Mark McGuiness, Kevin McManus, John Meadowcroft, Kath Oversby, Adriana Ursache, Elisabeth Vanveld.

J'aimerais remercier les milliers d'entrepreneurs du monde entier que j'ai eu le privilège de rencontrer en tant que conseiller, formateur ou intervenant. Leur manière de combiner leur créativité et des solutions commerciales intelligentes m'apprennent de nouvelles choses et m'inspirent constamment.

En plus de ceux qui dirigent et gèrent ces entreprises de design, média et technologie dans les industries créatives, culturelles et digitales du monde entier, j'aimerais aussi remercier les agences de développement spécialisées qui les supportent et avec qui je travaille souvent en partenariat. Je veux particulièrement remercier Merseyside ACME à Liverpool Vision en Angleterre.

www.ingramcontent.com/pod-product-compliance
Lightning Source LLC
Chambersburg PA
CBHW031930190326
41519CB00007B/482